死に方上手

しょぼくれ老人のすすめ

ひろさちや

ビジネス社

第一章　有名人の「生き方の書」は捨てよう

第二章　いまの日本人は畜生の生き方をしている

第三章 自分の宗教をもつ生き方

第四章　親鸞・道元・日蓮・法然・キリストの生き方

第五章　生死問答

第六章　死に方上手

第一章

有名人の「生き方の書」は捨てよう

「人は生まれ、苦しみ、そして死ぬ」

――先生は日ごろ、「あまりガツガツしなさんな。もっとラクに生きた方がいいよ」とおっしゃっています。どのような経緯でそういうふうに考えるようになったのか、先生のパーソナル・ヒストリーをからめながらお話しいただけると分かりやすいと思います。

ひろ　なぜ私のパーソナル・ヒストリーが必要なのか、そこが分かりません。

日本人はみな、他人《ひと》がどう生きたかを知りたがったり、有名人の生き方を学ぼうとしたりする傾向がありますが、それはおかしいと思います。というのも、人間というのは結局、自分の生き方しかできないからです。それなのに世の中の人々は他人の生き方を一所懸命になって知ろうとする。非常に馬鹿げていると思います。

講演会の後の質疑応答のときも、「先生はどんな生き方をなさっていますか」と聞かれることがありますが、そういうとき私は、「ひろさちやはうどん屋の釜です」と答えることにしています。そのココロは――湯（言う）だけ。

人間は、自分が言っていることだって実行できません。またある意味では、誰だってウソばっかりつきます。どんな人でも自分を飾る。いかなる人もパーソナル・ヒストリーをまともに語ったことはないと思うんです。したがって、「私はこう生きた」という話ほど当てにならないものはないし、そんな話を信用しちゃいけません。

　他人がどう生きたかを知り、それを手本にして生きようなんていう考えはきれいさっぱり捨てたほうがいいと思います。第一、「あの人があんなふうに生きたから、よし、オレも真似《まね》してみよう」と思ったところで、できっこありません。人はみな、生きている条件が違うんだから、他人の生き方が参考になるはずはないんです。

　ヨーロッパでは、ハンガリーの貴族が「アホ」の代名詞のように使われているそうです。というのも、ハンガリーの貴族数人がパーティーを組んで山登りをしていたとき、道に迷ってしまった。彼らは地図を広げて、みんなで検討した結果、ひとりの男がこう言ったというのです。

「諸君、分かったぞ！　この地図によると、われわれはいま向こうにある、ほら、あそこの山の上にいるんだ」と。

　そんなジョークがあるようですが、それと同じで、他人の生き方を参考にしたり、こう生きるべきだというアドバイスに従ったりするのは、「地図によると、どうもオレはここではなくあそこにいるらしい」というアホらしい話になってしまいます。

人間は自分がいまいる場所からしか出発できない、ということをまず念頭に置くべきです。そしてそこから歩き始めて、悩みながら迷いながら苦しみながら生きていく。それが人間です。ところが、世の中の人はみな、悩んじゃいけない迷っちゃいけないと思っているんですね。そんな馬鹿な話はありません。人間、何のために生きているのかと言えば、迷うために生きているんですから。人は悩むために生きているのです。

イギリスの作家サマセット・モームの『人間の絆《きずな》』という小説は私の大好きな作品ですが、その中でモームが喝破《かっぱ》しているように、

「人は生まれ、苦しみ、そして死ぬ」

のです。その箇所を引いておきましょう。

賢者は、人間の歴史を、わずか一行にして申し上げた。こうだった。人は、生まれ、苦しみ、そして死ぬ、と。人生の意味など、そんなものは、なにもない。そして人間の一生もまた、なんの役にも立たないのだ。彼が生まれて来ようと、来なかろうと、生きていようと、死んでしまおうと、そんなことは、一切なんの影響もない。生も無意味、死もまた無意味なのだ。

（中野好夫訳）

結局、人は苦しむために生きているのです。だから悩みながら迷いながら生きていけばいい。死ぬときだって、悩みながら迷いながら死んでいってていいのです。

宗教は「人間としての生き方」を教える

――ところが、いまは「なぜ生きる?」とか「生き方上手」、あるいは「生き甲斐とは何か」といったテーマの本が洪水のように刊行されています。こうした現象をどのようにご覧になりますか。

ひろ　ひと言で言えば、それは日本人が宗教をなくしてしまったからです。宗教をもっていないから、宗教に教わることができない。だから、そうした馬鹿らしい人生ガイド本が流行するのです。

――宗教をもっていれば、そうした生き方本は必要ない、と。

ひろ　宗教とは何かといったら、学者の数だけ定義がある、というジョークがありますけれども、あえて定義するなら私は、

「人間としての生き方を教えるもの」

それが宗教だと思っています。

だから、宗教をもっていれば、「なぜ生きる?」とか「生き方上手」などというガイドブックなんか必要ありません。

まず、ヨーロッパにはユダヤ教があります。これはユダヤ人としての生き方を教える宗教です。

ユダヤ人はヤハウェという神に向かって、「私たちはあなただけを唯一絶対の神とします」と誓って、「他の神は拝みません」という契約を結びました。その契約によって、それまでエジプトで奴隷になっていたユダヤ民族は、ヤハウェに導かれてパレスチナの地に戻ることができました。紀元前十三世紀ごろの出来事です。

その代わり、神の奴隷のようになって、「ああしなさい。こうしなさい」という規律を守らなくてはならなくなった。その規律を記したものが『旧約聖書』、とりわけ「モーセ五書」(「創世記」「出エジプト記」「レビ記」「民数記」「申命記」)といわれるものです。

ところが後になって、同じユダヤ人の中からイエスという男があらわれて、その契約を更改することになります。そうしてつくられた新しい契約が「新約」と呼ばれます。それを記したのが、ご承知のように『新約聖書』です。

　すると自動的に、最初に結ばれた契約は旧《ふる》い契約になる。そこで『旧約聖書』と呼ばれるわけです。

　ただし、ユダヤ人はそんな新しい契約など認めません。そこで、イエスなんていうのはインチキな男だといって磔《はりつけ》にして殺してしまった。だから、ユダヤ教には「旧約」という概念はありません。当然、『旧約聖書』という言い方もしない。「律法の書」という意味で「トーラー」と呼んでいます。

　でも、日本では『旧約聖書』という言い方がポピュラーですから、とりあえず『旧約聖書』という呼び方をしておけば、そこには生き方のマニュアルがなんと六百十三条も記されています。たとえば、「地上にいる動物のうち食べていいのはヒヅメが割れ、反芻《はんすう》するもの」だけだとか、「海や川にいる動物のうち食べていいのはヒレとウロコのあるもの」（ともに「レビ記」）だけである、といった契約が細かく記されています。

　こうして人々に生き方を示すのが宗教です。

――だから、宗教をもっていれば「どう生きる」「なぜ生きる」といった類の本など必要がないというわけですね。

ひろ　ただし、生き方といっても、ユダヤ教の場合はユダヤ民族に限った生き方です。そこで――ユダヤ人だけの生き方が問題なのではない。もっと普遍的な人間としての生き方が大切なんだ、と言ったのがイエスです。

ユダヤ教では、神さまが「こういうふうに生きなさい」といって提示したマニュアルに従って生きます。しかしそれでは神の奴隷になることではないか、とイエスは考えたわけです。「そんな馬鹿なことはない。神さまは人間を奴隷にしようなどと思ってはいないはずだ」と言ったわけです。

たとえば安息日《あんそくにち》（金曜日の日没から土曜日の日没まで）は、ユダヤ教徒が厳格に守らなければいけない規律ですが、それについてイエスはこう言っています。「安息日のために人があるのではない。人のために安息日があるのだ」と。そして安息日を守らないこともありました。

このように、ユダヤ教の解釈を引っくり返したところにキリスト教の本質があります。その意味でキリスト教は、単にユダヤ人だけでなく、人類全般に、人間としての生き方を教える宗教だと言えます。

ユダヤ教とキリスト教の関係と相似形にあるのが、インドのヒンドゥー教と仏教の関係です。

ヒンドゥー教は、ヒンドゥー教徒、つまりインド人としての生き方を教えています。カースト制度の下で、バラモン（祭官・僧侶）はこう生きなさい、クシャトリア（王族・武士）はこう生きなさい、またヴァイシャ（平民）やシュードラ（隷属民）はこう生きなさいと、細かくインド人としての生き方を指示するもの、それがヒンドゥー教です。

あるいはヒンドゥー教では、人生を「学生期《がくしょうき》」「家住期《かじゅうき》」「林住期《りんじゅうき》」「遊行期《ゆぎょうき》」の四つに分けて、学生期はこう生きなさい、林住期はこう生きなさい……と教えています。

それに対して、「カーストなんて関係ないんだ。学生期、家住期、林住期……なんてあるものか」と言ったのが仏教です。だってそうでしょう、若いときは一所懸命に働いて、年をとったら隠居しろなんて、そんな馬鹿な話はありません。

その意味では、五木寛之さんが『林住期』という本を書いて、それがいかにも仏教の教えであるかのように言っていたのは大ウソです。林住期なんていうのはヒンドゥー教の生き方で、それに反対したのがお釈迦さま、つまり仏教なのですからね。

仏教は、若いときから隠居しろ、と教えています。それが「出世間《しゅっせけん》」という考え方です。私の言葉で言えば、「世逃《よに》げ」という教え。もちろん、働いてもいいけれど、五〇パーセントぐらいは世間から逃げておけ（世逃げ）よ、と教えているのが仏教です。

インド人の生き方を教えるヒンドゥー教に対して、人間としての全般的な生き方を教えているのが仏教です。

神道は「やまと教」

——日本古来の神道《しんとう》はどうなりますか？

ひろ　やはり、人間としてのではなく、日本人としての生き方を教える宗教です。ユダヤ教がユダヤ人としての生き方を教え、ヒンドゥー教がインド人としての生き方を教えているように、神道も長い間、日本人としての生き方の指針になってきました。

日本人の生き方といっても、いまの時代の日本人に限定されるものではありません。「惟神《かんながら》の道」といって、ご先祖さまの時代からずっと続いてきている道、それが神道という「道」です。私たちのご先祖さまはこのように生きてきたんだという、そういう道を教えるものです。

その意味では、もしいまの日本人が宗教を信じられないのであれば、せめて神道を思い出して欲しいと思います。

縄文時代のご先祖さまは、みんなで助け合いながら生きていました。狩猟で暮らしていた時代ですから、イノシシを獲《と》りに行くときはチームワークが必要だし、リーダーも必要でした。しかし、獲物《えもの》をとって帰ってくれば、リーダーはもうリーダーとしての役目を終えて、みんなで公平にイノシシの肉を分配したと言われています。もちろん、女子供にも分け与えたし、いちばんおいしいところはまず老人に差し上げたといいます。獲物を獲りにいった男たちが真っ先にいちばん多く奪ったのではないと、考古学の専門家も考証しています。

そういう生き方をしていたのが日本人です。

いまのように、働いた人間だけが給料をもらえるとか、勝ち組・負け組をつくるような社会は、われわれのご先祖さまのものではありません。昔の人は神道に則《のっと》って、人間らしい、ほんとうに日本人らしい生き方をしていたということに気づいて欲しいと思います。

――神道はかなり人間的な宗教なのですね。

ひろ　神道の原則は、

「神さまだって間違いをしでかす」

というところにあります。

姉であるアマテラスオオミカミに乱暴狼藉《らんぼうろうぜき》をはたらいたスサノオノミコトのように、間違いだらけの神さまだっているわけですから、まして人間が間違うのは当たり前じゃないか、というのが神道の基本原則です。

そこで私は神道を「やまと教」と名づけました。

神さまだって間違いを犯すわけだから、不完全な存在である人間が間違いを犯すのは当たり前ではないか、というのが優しさの「や」。

神さまと約束しているのだから、オレは人を裏切るようなことはしない、というのが真《まこと》の「ま」です。

この世の中はみんながもちつもたれつ助け合って生きるもので、自分ひとりが無人島で生きているわけではないんだ、というのが共生《ともいき》の考え方ですが、これが「と」です。

神道のこうした基本的な考え方の頭文字《かしらもじ》をつなげると、「や・ま・と」になります。したがって――「やまと教」。これは神道の奥深さを示す、なかなかいい命名だと自負しています。

神道の「明」

――たしかに、「神道」と呼ぶより「やまと教」といったほうが新鮮に響きます。

ひろ　昔から日本では「客」あるいは「賓客」と書いて、「まれびと」と読んできましたが、神さまは「まれびと」、つまりお客さんでした。

私たち日本人は古来、お客さんを迎えるようにして、神さまを家や村にお迎えしてきたのです。

祭りというのも神さまを迎えるためのものでした。神さまは無色透明で、時間と空間の中にはいませんから、お祭りをしてお迎えする。そして、お祭りが終わったらお帰りいただく。お祭りもしないくせに、神さまを呼んではいけなかった。

私が子供のころは、食事のとき、箸《はし》で茶碗《ちゃわん》を叩くと叱られました。というのも、何かを叩いて音を出すのは「神さまいらっしゃいませ」と、神さまを呼ぶことだからです。神さまをお迎えしたら、特別の料理をつくってもてなさないといけない。おもてなしもしないくせに、神さまを呼んで、ほったらかしにしておいたら神さまだって怒りますよ。だから箸で茶碗を叩いてはいけないと言われたのです。昔の人はそういうことをみな心得ていたわけです。

しかも神道のお祭りというのは、「神さま、こうしてください」というお願いのお祭りではないんですね。「ありがとうございました」というお礼のお祭りです。いわば、「請求書のお祭り」ではなかった。

――「領収書のお祭り」だった？

ひろ　私は小さいころ、祖母に育てられた時期がありますが、このお祖母《ばあ》さんは熱心な浄土宗の信者でしたから、私も毎日、朝晩は必ず「仏壇を拝め」と言われました。朝は起きて顔を洗い終わるとすぐ、夜は寝床に入る直前に仏壇を拝む。それをしないと朝食を食べさせてもらえなかったし、寝かせてもらえませんでした。そのとき言われたのが、「ええか、『阿弥陀さん、ありがとうございました』と言って拝むんやで。絶対に願い事をしたらアカン」ということでした。

このように仏教でも昔は、「阿弥陀さま、こうしてください」というお願いはしなかったものです。「仏さま、今度の算数の試験で百点を取らせてください」といって拝んだのがバレると、もう一度やり直し。「阿弥陀さん、さっきのお願いは取り消します。ありがとうございました」と、拝み直しさせられたものです。

だから村祭りなどでも、「今年は豊年満作で……」と歌ったわけですね。たとえ凶作の年であっても、「今年は豊年満作で……」と歌った。なぜなら、凶作も神さまがくださったものだからです。

そういう神道までなくなってしまって、いまの日本はおかしなご利益《りやく》信仰ばかりになりました。

――「お礼」の気持ちを忘れてしまったということですね。じっさい、神社へ行って絵馬を見ても、「どうか志望校に合格しますように」とか、「早くカレが見つかりますように」といって、すべて「請求書」型の祈願になっています。

ひろ　昔は、正月には粥占《かゆうら》とか綱引きといった占いをしたものです。土俵をつくって相撲もやりました。Aの村とBの村が対抗試合をして、Aの村が勝てば「今年は豊作」、Bの村が勝てば「凶作」と、相撲をしてその年の作柄《さくがら》を占ったわけです。ただし、豊作のほうがいいからといって、みんながAの村を応援するわけではない。Bの村も必死になって戦った。豊年になるか凶作になるか、それは全部神さまにお任せして、「どっちにしても、私たちは神さまがくださるものには文句を言いません」と言ったのです。

もっとも、B村が勝って「今年は凶作だ」という卦《け》が出たときは凶作に備えました。言い換えれば占いというのは、「穫り入れが少なくなったときは我慢しような」という心構えを養うためのものでした。その根底には「たとえ凶作でもありがたいなあ」という気持ちがあったわけですね。

そうした気持ちを仏教の言葉で言うと、「不思議」ということになります。「不思議」とは何かといったら、「不可思議《ふかしぎ》」です。つまり、思議できないということ。人間には思い計らうことができない、ということです。それが同時に「ありがたい」ということでもあったんですね。

鎌倉時代の明恵上人《みょうえしょうにん》も『栂尾《とがのお》明恵上人伝記』の中でこう言っています。


叶《かな》ふべき事にて候はば、叶ひ候はんずらん。又叶ふ間敷事《まじきこと》にて候はば、仏の御力も及ぶまじき事にて候ふらん。


願いが叶おうと叶うまいと、いずれにしろ、人間には思議できないことなのだから、ただありがたいと思うこと。明恵上人もそう言っています。

いまでは「ありがたい」というと、感謝の言葉だと思われているけれども、とんでもない。あれは「有《あ》り難《がた》し」ですから、元来は「有ることがめったにない」という意味です。

室町時代までは、感謝の意を表するときは「忝し《かたじけな》」と言ったといいます。それが江戸時代になって「ありがたし」に変わったと、民俗学者の柳田国男が指摘していますけれども、ともかく、神道の根本には日本人の「感謝」や「不思議」という気持ちが流れていました。

神道の「暗」

――そうした神道の精神も、いまはあまり見かけられなくなりました。

ひろ　明治政府が神道をもじってインチキ宗教をでっち上げたからです。「国家神道」なんていういかがわしい代物《しろもの》をつくって、天皇を現人神《あらひとがみ》にしてしまった。おまけに、「廃仏毀釈《はいぶつきしゃく》」といってお寺を打ち壊したり、仏像を焼いたりしてしまった。

国家神道というのは、日本人から「家」を奪って国民全員を天皇の臣民にしようとしたわけですから、いってみればカタツムリから殻《やま》（家）を取り去って、何の防御もないナメクジにしたようなものです。親よりも天皇を敬うような教育をした。そんなのはインチキ宗教以外の何物でもないから、人間としての生き方はもちろんのこと、日本人としての生き方もなくなってしまったのです。

では何を教えたかといえば、修羅《しゅら》の生き方を日本人に押し付けただけです。

それは「教育勅語」を見れば一目瞭然《りょうぜん》です。いまの若い人は読んだことがないでしょうが、「教育勅語」にはどんなことが書かれていたかというと――、

父母ニ孝《コウ》ニ兄弟《ケイテイ》ニ友《ユウ》ニ夫婦相和シ朋友《ホウユウ》相信ジ（中略）一旦緩急《イッタンカンキュウ》アレバ義勇公《コウ》ニ奉ジ……

両親には孝行を尽くし、兄弟は仲よくしなさいと書いてあるけれど、しかし「一旦緩急アレバ」、つまり非常事態になったときは家庭を大事にするとか夫婦仲よくするといった生き方は全部吹っ飛ばして、「義勇公ニ奉ジ」ですから――すべからく国家に尽くすべし、と教えてきたわけです。

何かコトが起こったときは、武器を取って人を殺せと言った。人間としての生き方なんて、まったく教えない。「修羅の生き方」と言ったのはそういう意味です。人間としての生き方を教えるものが宗教だとすれば、国家神道は明らかにニセモノ宗教です。

明治以降、日本人はこんな国家神道を強制され、押し付けられてきたものだから、すっかり宗教がイヤになってしまった。国家神道に懲りたから、戦後の日本人はあらゆる宗教を嫌うようになってしまった。

敗戦を機に、ＧＨＱ（連合国軍総司令部）の手によって国家神道が廃され、それがインチキ宗教であったことを知った日本人は、「宗教なんてもうコリゴリ」と思うようになったわけです。その一方で、天皇も「オレは神さまじゃないぞ」と言って「人間宣言」をした。それまでは現人神として扱っていた神格が突然なくなってしまった。そこでホッとすると同時に、宗教というのは悪いものなんだと思うようになってしまったのです。

これは、国家神道というインチキ宗教に支配されてきた日本人の悲劇ですね。インチキ宗教の支配下にあったから、それが滅びた後は「ああ、よかった」といって、今度は宗教を信じない自由を振り回すようになってしまったわけです。

もちろん、宗教は悪いものではありません。国家神道というインチキ宗教が悪かったのであって、宗教それ自体はどこも悪くない。ところが戦後日本では、国家神道と宗教が混同されて、宗教アレルギーが広がってしまったのです。

それが現在まで尾を引いている大きな問題です。

――戦後教育が宗教を悪く言ってきたから、日本人が宗教を信じることができなくなってしまったという側面もあるように思います。おまけに戦後のインテリは、宗教なんて迷妄だから、知的な人間は無宗教であるべきだと言って、「無神論」をカッコいいとしてきたところもあるように思います。

ひろ　アラブ諸国の入国カードには「あなたの宗教は？」と、信仰を尋ねる欄があります。「無宗教」と書くとトラブルの元になる恐れがありますから、添乗員は必ずこう言います。「Buddhist《ブッディスト》（仏教徒）でも何でもいいですから記入しておいてください」と。

ところが、ある社長が、「オレはそんなウソをつくわけにはいかないから」といって「NO」と書いた。果たして現地に到着すると、「あなたはほんとうに何の宗教も信じていないのか」と聞かれました。社長が「そうだ」と答えると、「無宗教の人間をわが国に入れるわけにはいかない」。そう言われて、さっそく次の便で送り返されそうになって真っ青になっていました。

そのときは添乗員が機転をきかせて、「この人は無神論者ではなくて、日本に古くから続いている『NO』という宗教を信じているんだ」と言って、その場を取りつくろったので助かりました。そんな話を聞いたことがあります。

このエピソードからも分かるように、外国人が「あなたの宗教は何であるか」と聞いてくるのは、じつは「おまえはどういう生き方をしているのか」ということを尋ねているのです。人間としてどう生きようとしているのか、ということを聞いている。そのとき「無宗教だ」と答えたら、「オレは利益のためなら誰でも裏切る」と答えるようなものなのです。「オレは人間らしいことなんて考えていない。地獄でも畜生《ちくしょう》でもいいんだ」と言っていることになってしまう。

生き方のない人間なんていないわけです。みんな、それぞれ、何らかの生き方をしている。その生き方が、その人の信じている宗教から分かるから、だから外国の人たちは相手の宗教を気にするのです。

自分の利益を優先させる生き方がエコノミック・アニマルです。しかし、それは宗教なんかではない。そう考えれば、競争のためには平気で人を裏切るいまの日本人が、いかに異常な生き方をしているかが分かると思います。

なぜ仏教を学んだのか

――戦後のそうした宗教軽視の風潮の中で、先生があえて宗教を学ぼうとされた動機は何だったのでしょう？　なぜ東京大学のインド哲学科へ進まれたのですか？

ひろ　それは偶然としか言いようがありません。

私は高校生のころからニーチェの『ツァラトゥストラはかく語りき』やカントなどの哲学書を読んでいました。すると、女の子が尊敬のまなざしでもってこっちを見る。哲学というのは女の子にモテるんだなと思って……。

というのは、まあ冗談としても、大学では哲学を専攻しようと思っていましたから、最初は東京大学の哲学科へ入りました。哲学科は西洋哲学を専攻する学科です。ところが西洋哲学をやるには、ギリシア語やラテン語が必要です。私はギリシア語やラテン語が嫌いでしたから、途中でイヤになってしまった。そこでインド哲学科へ移ったのです。インドはイギリスの植民地でしたから、インド哲学だったら英語だけで卒業できるのではないか……と考えたからです。

ところが移ったとたん、印哲（インド哲学）でもサンスクリット語やパーリ語、さらにはチベット語までやらなければいけないことが分かりました。それに漢文も読まねばならない。イヤなところへ入ってしまったなとは思ったものの、もう一度移るわけにはいかない。そこで泣く泣く語学の勉強をして、卒業しました。

私は学生時代は、仏教は嫌いでした。日本の仏教は葬式ばかりやっていてダメだと思っていましたから、大学では現代インド哲学、もう少し詳しく言えば植民地解放の哲学を勉強しました。

そんな感じでしたから、私は仏教より、先にヒンドゥー教やイスラム教の勉強をしました。するとと三十代の半ばになってから、自分のテーマを研究していくうえでどうしても仏教を勉強する必要が出てきた。そこで仏教の勉強を始めたら、その虜《とりこ》になってしまったというわけです。

東大時代の指導教授は中村元《なかむらはじめ》先生でした。

私の場合、親父《おやじ》が戦死したものですから、大学を卒業したら就職せざるをえません。そこで就職活動を始めようとしたら、中村先生が「ぜひ大学院に残れ」ということです。「授業料は奨学金をもらえばいいし、アルバイトも世話してやるから」というわけで、当時、中村先生の選集を出していた春秋社という出版社のアルバイトを紹介してくださったのです。『中村元選集』の編集の手伝いをしながら勉強をして、大学院を出たら、そのまま春秋社へ入社するつもりでした。春秋社サイドも「助教授待遇で迎えるから」と言ってくれて、給料も五万円という話まで決まっていました。

ところがある日、中村先生が、「気象大学校が誰かひとり哲学の先生が欲しいといってきたので、キミの名前を挙げておいたよ。ぜひ行きなさい」と言うのです。恩師の奨《すす》めですから、断わるわけにもいかない。そこで気象大学校へ行ったところ、いまでも覚えていますけれども、給料は二万八千円。春秋社のほぼ半分ですからね、あれにはちょっとガックリきました。

もっとも、大学の先生をしたおかげでたっぷり勉強ができたことはありがたかったと思っています。気象大学校には二十年いましたが、哲学の授業以外にも社会思想史の授業なども担当させられましたから、いろいろと勉強せざるをえない。また、大学教師なんて他にやることがないから勉強ばかりしていました。
当時の蓄積がその後の執筆活動に大いに役立ったことはたしかです。

「世の中、狂っている」という警告

——ご本名の「増原良彦」名でお書きになった本もふくめると、著書は厖大《ぼうだい》な数にのぼります。

ひろ これまでに出した本は六百冊を超えるはずです。その中で、私が一貫して主張してきたのは、

「世の中、狂っている」

ということです。

そういう警告を発し続けてきた。そのため、「ひろさちやの本は金太郎飴だ。どこを切っても同じ顔が出てくる」なんて言われたこともありますが、でも究極的に言いたいことはひとつしかありませんから——世の中、どこかおかしい。狂っているんじゃないか、と言い続けてきたわけです。

狂った世の中でマトモに生きようとしたら、こっちが狂ってしまう。そこで、自分が狂うことによって狂った世の中から自由になろうと考えて書いたのが、二〇〇七年に集英社新書から出した『「狂い」のすすめ』という本です。幸い、そうした主張が読者からも支持されたようで、相当に売れたようです。

それまで私が言ってきたことは世間より三歩ぐらい先に進んでいたようです。三歩も四歩も先を読んで発言していた。すると最近になってやっと、みんなが世の中の狂いに気がつき始めた。いってみれば、私の言っていることが世間の半歩先を行くぐらいになった。それで『「狂い」のすすめ』が売れたのではないかと思っています。

だって、そうでしょう。いまの世の中は「競争、競争」といって競争原理しかありません。勝ち組・負け組といわれて、負け組になると見向きもされない。当然、格差社会は広がる一方だ。日本人が狂ってしまうのも当たり前です。

私は、日本がこうなったターニング・ポイントは一九六〇年だと見ています。ちょうど安保闘争が燃えさかった年です。

——安保のときは何をなさっていましたか？

ひろ　まだ大学院に行っていましたから、国会突入組です。

安保闘争では日本国中の人たちが「岸（岸信介首相）を倒せ」と叫んで、民衆の力でもってようやく岸内閣を打倒しました。ところが、その後に池田（勇人《はやと》）内閣が登場して、そこで何をやったかというと「所得倍増論」を打ち出してきた。安保闘争の翌年、一九六一年一月一日の年頭所感で、「日本人の所得を倍にします」と言ったわけです。あのときから日本の政治は経済一本槍になってしまったんですね。

安保闘争が起こったので、自民党政府は、イデオロギー論争はもう真っ平《まぴら》だとばかり、カネのことしか言わなくなった。「あなたがたの所得を倍にしましょう」といって、カネで国民を釣ろうとした。政府のそういう姿勢が日本人をエコノミック・アニマルにしたのです。

政治とは何かといえば、やっぱりイデオロギーを論じることです。つまり、高度経済成長をするのがいいかどうか、国を挙げて金儲《もう》けに邁進《まいしん》していいのかどうか、人間にとって何がいちばん幸せか――そういった問題をしっかり論じ考えることが政治の役割だと思いますが、池田内閣以降、そうしたイデオロギー論争はすべて棚上げされてしまった。

そのときから日本人は、人のこころを忘れて、「儲かればいいじゃないか。カネさえあればいいんだ」という国民になってしまったわけです。自民党政治がそういう国をつくったのです。

だから私は、安保闘争翌年の一九六一年が「日本の滅びの発端」「狂いの原点」だったと見ています。日本人はあそこでエコノミック・アニマルの生き方、言い換えれば畜生としての生き方を選んだのです。

――先生は「所得倍増論」に反対だった？

ひろ　もちろんです。

道元禅師は「布施《ふせ》」「愛語《あいご》」「利行《りぎょう》」「同事《どうじ》」という四つの徳目を挙げて、「四摂法《ししょうぼう》」を説いています。このうちの「布施」というのは「むさぼるな」という意味です。要するに道元禅師は、「経済発展なんかするな」と教えた。

だから私も所得倍増論には反対でした。

世の坊さんたちは当然、道元禅師の「布施」の精神を知っているわけですから、池田内閣が「所得倍増」と言い出したとき、ただちに「布施」ということを主張すべきでした。「経済成長なんかしちゃダメだ」と言わなければいけなかった。政府が「日本を豊かな国にします」と言ったら、反対に、「馬鹿なことを言うな。貧しい国こそ大事なんだ」と言い返すべきでした。ところが、全然そんな声を上げない。

戦争のときだって、まったくだらしなかった。戦争になっても、聖職者は武器を取っちゃいけない。そんなことはあってはならない話です。どこの国の牧師さんだって、従軍牧師として軍についていくことはあっても武器は取りません。ところが日本の僧侶たちは、太平洋戦争に際して全員が武器を取ったのです。

日本の宗教家はそういう点ではまったくだらしがない。政治や世の中に迎合し、諂《へつら》うばかりです。

葬式と告別式は違う

――お坊さん自身が宗教の精神を知らないということですか?

ひろ　たとえば、日本の仏教は「葬式仏教」と言われながらも、僧侶は怠慢だから、その葬式についてすら教えようとしません。

ほとんどの人が知らないと思いますから、ひと言言っておけば、葬式と告別式は全然違うものです。

では、葬式とは何かといったら、やるべき仕事が三つあります。

①死体の処理。
②死者の霊魂の処理。
③遺族の心の処理。

この三つの要素を兼ね備えているのが葬式です。

死体の処理はどんな場合でも必要です。墓に埋葬するにしても谷に葬《ほうむ》るにしても、死者をそこまで運んで行かないといけない。

二番目の魂の処理に関して言えば、魂がないと思っている人は、魂がないという考えをしっかり打ち立てないといけない。一方、魂があると思っている人は、死者の霊魂をきっちり処理しておかないといけない。そうでないと祟《たた》ってしまうからです。

いま、インチキ宗教が守護霊とか背後霊などと馬鹿なことを言って、それでカネを巻き上げていますけれど、そんなインチキ宗教に騙《だま》されるのは死者の魂を処理していないからです。たとえばお祖父《じい》ちゃんが死んだとき、ちゃんと成仏《じょうぶつ》させてあげていれば、霊なんて出てくるはずがない。それをやってないからインチキ宗教に脅《おど》かされるのです。

私の場合を言えば——わが家の墓はいま京都にあります。元は大阪にありましたが、戦争のとき空襲で焼けてしまった。火をくぐると、御影石《みかげいし》はボロボロになってしまうんですね。どんどん磨り減ってきて、文字も読めない。それを二度移転させたものだから、京都にもってきたとき、ふたつに割れてしまいました。いまはセメントでくっつけて針金で縛ってありますが、わが家の墓はそういう墓です。

それでも一九九五年に、私は親父の五十回忌をやりました。親父の五十回忌というのは珍しいといわれましたが、じつはおふくろも健在で、おふくろは自分の夫の五十回忌をやったわけです。これはもっと珍しいことだと思います。

そのとき私は、おふくろにこう言いました。「お母ちゃんもいずれはお浄土に往《ゆ》くんやで。そしたらナ、お父ちゃんは、こんな婆さん知らん言うンやないか」と。親父はおふくろが三十歳ぐらいのときに亡くなっていますから、当時八十歳近くなっていたおふくろなんて見覚えがないわけです。そう言われると、おふくろも急に不安になったのか、「そうやな」といって何かゴソゴソやっているなと思ったら、昔の見合い写真を探し出してきて、「私が死んだら、お棺《かん》の中にこれ入れといて」と言っていました。

その五十回忌のときです。墓石があまりにもボロボロなので、おふくろが「新しい墓にしたい」と言い出した。でも私は、「墓石はあのままでええンや」と言って断固としてつくり換えませんでした。おふくろは、「おまえ、ケチやからなあ」と言っていましたが、じつはそのとき私は、ふつうの法事はやりたくないと思ったから、お寺に一千万円寄付をして、こんな提案をしていたのです。——年に一、二回、このお寺で「ひろさちや講演会」をやりますから、みなさんに聞きに来てもらいたい。その代わり、講師料として私に五十万円出して欲しい、と。講演会を二十回やれば寄付した一千万円を取り戻せる……というのは冗談ですが、和尚さんも自分のお寺で講演会を開くことができますから、その提案は喜んで受けてくれました。

そのときついでに、私はもうひとつ頼みごとをしました。——五十回忌のとき、おふくろにこう言ってやって欲しいとお願いしたのです。「この墓は戦争に遭《あ》いながら、いま五十回忌を迎えます。戦争がこういう惨めな姿にしたけれども、運のいい墓です。いずれ文化遺産として歴史博物館に収められるかもしれませんよ」と。

法事のとき、和尚さんは親父の墓の前でお経を読んでから、約束どおり、おふくろに向かって、「立派な墓石ですから、いずれ文化遺産になるかもしれません。大事にしてくださいよ」と言ってくれました。おふくろはそれを聞くとすっかり喜んでしまって、「和尚さん、おまえと同じことを言ってはったな」と言っていました。

その後、私がそのお寺で講演会を開くと、おふくろもそれを聞きに来て、最初のころは親父のお墓参りをしていました。でも私が、「あんなところに親父がおるわけないよ。親父はナ、お浄土におるんや。お母ちゃんもいずれそこへ行くんやで」と教えると、しばらくして墓参りをやめてしまいました。「あんなところにお父ちゃんおらへんものナ」と言って。

こんなふうに、霊魂の処理をきっちりする必要があります。つまり、「霊魂はお浄土に往っているんだよ」と、心から納得すれば、守護霊だとか背後霊に怯《おび》えることはありません。

それが三番目の、遺族の心の処理にもつながるわけです。

このように葬式というのは遺族だけの問題なんですね。

では告別式とは何かといったら、これは葬式とはまったく別。たとえば大学の先生が亡くなったら教え子が集まってみんなで行うものであり、会社の社長が亡くなった場合は社員みんなで執《と》り行《おこな》うものです。遺族はそこに参列してもいいけれど、出なくてもいい。それが告別式です。

告別式には教え子や取引先の人など、いろんな宗教をもった人たちが集まるわけですから、当然これは無宗教でやるべきです。なにも仏式や神式でやる必要はありません。ところがいまの日本では葬式と告別式の区別ができていないから、告別式で坊さんがお経を上げることがある。クリスチャンの人にしたら、あまりいい気はしないと思います。

こんなふうに、葬式と告別式はどこがどう違うのか、それを教えるのが坊さんの役目なのに、それを教えない。坊主の怠慢というしかありません。

宗教は「縁」だ

——ところで、先生は浄土宗でいらっしゃいますが、浄土宗に帰依《きえ》されるキッカケは何だったのでしょう。先ほどのお話にあったように、お祖母さんが熱心な浄土宗の信者だったからですか？

ひろ　わが家がたまたま浄土宗の家だったからです。

いろいろな宗教、いろいろな宗派がありますが、一般的に言えば自分の生まれた家の宗教を大事にするのがいちばんいいと思います。禅宗の家に生まれたのであれば禅宗でいいし、クリスチャンの家に生まれたのであればクリスチャンになるのがいい。それが自然だと思います。

私の場合も、もちろん禅も嫌いではないし、密教だっていいと思っていますけれど、でも心にフッと沁《し》み込んでくるのはどうしても浄土の教えになります。私にとっては浄土宗がいちばん落ち着く。それでいいんだと思います。

——いろいろ仏教の勉強をされていく中で、浄土宗のここがいいとか、ここがピンとくるとか、そういったことはありませんか?

ひろ 仏や神というのは、なにも勉強して信じるようなものではありません。みな、「縁」だと思います。自分の生まれた家の宗教、宗派というのも、せっかくいただいたご縁なのだから、それを大切にすればいいと思います。生まれついた環境の中でごく自然に入ってきた宗教を楽しめばいい。自然体で宗教に接するのがいちばんです。

――通俗的な表現ですが、「宗教」と「人」との間にも見えない糸のようなものがあるということでしょうか?

ひろ 仏教ではそれを偶然性の関係と呼んでいます。あるいは、いまも言いましたように「縁」ですね。

言い換えれば、「私が仏を信じる」のではなく「仏が私をして信じさせてくれる」もの、それが縁です。

そうすると、「私は無宗教です」と告白するのは、残念ながら自分は、仏や神がまだ「私」をして信じさせてくださらない、という意味になります。したがって、「オレは無宗教だ」と公言するのは、自分がいかに悲しく哀れな人間であるかと、みずから告白しているようなものなのです。そんな人間が何をしでかすかというと、利益のためであれば平気で人を踏みつけにするし、自分が勝つためであればどんな汚い手でも使う……。

まさに現代の日本人そのものじゃないですか。

第二章

いまの日本人は畜生の生き方をしている

日本よ、落ちよ！

――宗教を喪失した時代の弊害《へいがい》は、前章でもいくつか指摘されましたが、その他にどのようなかたちであらわれているとお考えでしょう？

ひろ　戦後の日本人がどう生きてきたかといえば、先ほども言いましたように、もうエコノミック・アニマル一本槍です。所得倍増計画と、それに続く高度経済成長の時代に、完全に「金、かね、カネ」の亡者《もうじゃ》になってしまった。

政治だって完全に行き詰まっています。首相が途中で政権を放り出してしまうわけですから、自民党政治はもう滅びたと言っていい。

いまの日本は「経済大国」だと言われていますけれども、ほんとうでしょうか。累積赤字は八百三十六兆円（※二〇一三年六月時点で一千八兆円）といいますから、国民ひとり当たりの赤字は六百五十万円です。この借金をどうやって返すのか。自民党政府は「財政を立て直して返す」と言っているけど、そんなことができるはずがない。仮に立て直せたとしても百年はかかりますよ。その間の利子はどうするのか。

そう考えると、ひとつ考えられる手段はインフレ策です。一千倍のインフレ策をとれば、八百三十六兆円の赤字は実質八千三百六十億円に、ひとり当たり六百五十万円の借金は実質六千五百円に減ります。でも、そんなことをしたら資本が全部外国に逃げてしまうから、インフレ策は取れっこない。

残された手は世界銀行の管理下に入ることだけです。そうなれば自民党政治は完全にポシャります。滅びます（※これを執筆したのは二〇〇七年の時点です。その後、一時民主党が政権をとり、再び自民党政権になりました。しかし、言っていることは現在でも通じます）。

そんな事態になったら大変だと思うかもしれませんが、私たちは敗戦直後の暮らしを経験していますから、そうなったって何ともない。それまでは天皇が支配し、軍人が威張る大日本帝国だったけれど、敗戦によってそんな国が滅び、進駐軍が解放軍の役割を果たしてくれた。国が滅んだおかげで、いい世の中になった。貧しくてもいい国になったと感じたものです。

そうだとすれば、世界銀行の管理下に入ったら日本はすごくいい国になるんじゃないでしょうか。私は、その点は楽観しています。もっと緑が増えて、青々としたいい国土になるだろうし、みんなが貧しければいいいたわりの心も生まれてくる。ガツガツしないでも生きられる国になるのではないかと、楽しみにしているくらいです。

経済的に見ても、そうした動きはすでにもう始まっていると思います。これだけの借金をしているわけですから、もう経済大国ではなく立派な赤字大国。世界銀行の管理下一歩手前です。政治も多数決原理ではいかなくなると思います。

だいたい私は、二大政党なんてウソだと思っているんです。これからはきっと小党乱立の時代になります。そうなれば、各党のイデオロギーがちゃんと表面に出てくるようになりますから、いろんな意見が出るようになって甲論乙駁《こうろんおつぱく》、政治も経済もよくなってくるだろうと思います。

だからこの国は、落ちるところまで落ちればいいんです。逆に言えば、落ちるところまで落ちないと立ち直れないのがこの国の宿命だと思います。

――でも、いまの野党だって官公労や労働組合をバックにしているわけですから、自民党とあまり変わらないんじゃないですか。少なくとも大差はないと思いますが……。

ひろ　いや、野党を叩いちゃいけない。野党は政権政党ではないのだから、したがって責任もないからです。

ずっと政権を握ってきたのは自民党ですよ。いまの狂った日本は全部自民党がつくったわけですから、自民党がすべての責任を取らなければいけないんです。なぜ、そこで野党の話が出てくるのか。そこが日本人の悪いところです。

そんなことを言ったら、戦後、天皇や軍部がいっさい責任を取らないで、「一億総懺悔《いちおくそうざんげ》」といって国民に責任をなすりつけたのと同じじゃないですか。国を滅ぼした人間が責任を取らないで、なぜわれわれ国民が懺悔しないといけないのか。

一億総懺悔なんて、そんな馬鹿なことを言い出したのは日本の指導者たちです。

社長が何の責任も取らないで、「社員どもが働かないから会社がつぶれた」と言うようなものです。そんな社長は、挙句の果ては「労働組合が悪い」と言い出す。しかし、労働組合には経営権なんてないのです。万が一、労働組合が悪かったとしても、そういう労働組合をうまく使っていくのが経営でしょう。試合に負けたプロ野球の監督が、「あんな下手なバントをしやがって」と言うのと同じです。「あいつが下手クソだから併殺を喰らってしまった」と言ったら、じゃあ、下手な選手にバントを命じた監督の責任はどうなるのか。トップの責任をウヤムヤにしたり、肝心なことを問題にしないのが日本人の悪いクセです。

こんな日本になったことに関して、野党には全然責任なんてありません。

「人間」としての生き方を忘れた日本人

――「社会」についてはそういう問題があるとして、では、「人間」に関してはどうでしょう?

ひろ 何度も言うように、いまの日本人はエコノミック・アニマルだから、これはもう畜生の生き方をしている。したがって人間としての生き方が誰にも分からなくなってしまった。このあたりでしっかりと自分の宗教をもたないかぎり、日本人は救われないと思います。

仏教には六道輪廻《ろくどうりんね》という言葉があります。

上からいえば、「天界」「人間」「修羅」「畜生」「餓鬼《がき》」「地獄」。こうした六つの世界があるわけですが、この六道のうち、「人間」を除いた五道の間を渡り歩いてきたのが明治以降の日本人です。

昨今よく言われる安楽死というのは死の苦痛や苦悩を取り除こうというものですから、天人《てんにん》になることを願うようなものです。つまり「天界」に生きようとしている。そして戦争中の日本人は人を殺す「修羅」であった。戦後はエコノミック・アニマルだから、まさに「畜生」。欲望に駆り立てられた挙句、ブランド品をもっともっと欲しいと騒いでいる現代人はさしずめ

「餓鬼」です。また、実力社会・競争社会というのは「地獄」以外の何ものでもない。

日本人はこうした五つの生き方しか知らないわけです。いずれも「人間」の生き方ではありません。

――宗教によって「人間」としての生き方を取り戻さなければいけない、と。

ひろ　一例を挙げれば、学者だって、ちょっと売れ出すと傲慢《ごうまん》になってしまってもう手に負えません。

ある売れっ子学者と対談をしたときのことです。時間どおりに来ない。一時間ぐらい待っても来ないから、どうしたんだろうといって編集者が電話をかけたら、家の人が「向かっているはずですが……」と言うのに来ない。二時間たっても姿をあらわさないし、何の連絡もない。さすがの私もアタマにきましたが、でもまた改めて対談をセッティングするのも大変なので、思い直して編集者と四方山話《よもやまばなし》をしていました。

彼が対談会場にやって来たのは、なんと四時間後ですよ。そして姿を見せるなり言ったのは、「どうしても外せない仕事ができてしまって……」。ひと言も謝ろうとしないんですね。オレにはそういう事情があったんだから遅れて当然じゃないかという顔をして、むしろ得々《とくとく》としている。

人間ですから、どうしても思うに任せないときだってありますよ。だから私は、時間に遅れるな、と言っているわけではないのです。のっぴきならない事情ができてしまったなら、電話の一本もくれればいいんです。あるいは、遅れて来たら相手に誠心誠意詫《わ》びればいい。ほんとうに宗教をもっている人間なら必ずそうします。ところが、謝りもしないで、自分の都合ばかり並べ立てる。いかに自分が忙しいかと吹聴《ふいちょう》する。だからひと目で、この男は下種《げす》な人間だなと、見抜きました。

宗教のこころを失ってしまったから、政治家も学者もジャーナリストも、みな堕落してしまった。

マスコミの仕事は、政治家だとか社長だとかエライ人だとか、世の強い者を叩くことなのに、いまは逆に弱い者を叩く傾向が見られます。まったくお話になりません。

じっさい、宗教がないと弱い人間が生きていくのは辛《つら》いんです。無宗教社会は強い者がのさばる社会ですから、老人や病人や子供といった弱者はどうしても片隅に押しやられてしまうのです。

だいぶ前の出来事ですが、神戸の高校で教師が力任せに鉄の校門を閉めたため、遅刻してきた女子生徒が圧殺されたことがありました。教師は生徒の遅刻を一分一秒も許さなかったわけです。では、自分たちが時間に遅れた場合はどうなのか。何の咎《とが》も受けないに決まっています。
宗教のない社会では弱者はつねに虐《しいた》げられる。日本もそんな国になってしまいました。

子供の世界まで歪んできた

――いじめ問題もなくなりません。

ひろ　いじめの問題も、宗教なき社会を浮き彫りにしています。
私は子供たちの夏休みに合わせて「禅の教室」の講師に呼ばれました。そこで小学生たちにいろんな話をしましたが、こう聞いたことがあります。――キミが教室に入ったら女の子がひとり、みんなに取り囲まれて泣いていた。十人ぐらいの仲間が寄ってたかってその子を攻撃していたら、そのときキミはどう思うだろうか、と。私は、「その子が可哀そうだと思うけど、ぼくが助けてあげることはできない」といった類《たぐい》の答えが返ってくるだろうナと思っていました。ところが全然違うんですね。大勢の子が一致したのは、「みんなが攻撃しているんでしょう。だったら、その女の子が悪いに決まってます」という答えでした。大勢の人間が判断を間違えるはずがないから、泣いているその子が悪いんだというわけです。女の子が悪いことをしたから、みんなが怒って攻撃しているのだ、という見方をする。

多数決は絶対に正しいと思っているのです。

これも自民党が培《つちか》ってきた日本の風土です。多数であれば正しいのだといって審議を打ち切り、法案をゴリ押しする。挙句の果ては、参議院が否決したからといって衆議院を解散して選挙をすると言い出す。そんな馬鹿な政治風土が子供の世界まで汚染するようになったのです。

まさに宗教のなさが日本を狂わせ、子供たちまで狂わせています。

都知事の石原慎太郎（※当時）なんか、「いじめは昔からあったのだから、子供たちは強くならなければいけない」と言ってすましている。「自分も子供時代にはいじめられたけれども、それを撥《は》ね退《の》けるだけの力をもっていた。そういう力を養成しないといけない」と、そんな馬鹿なことを言い出す始末です。そんなのは政治家の発言じゃないですよ。

だって、そうでしょう。いじめが昔からあったというのであれば、殺人だって泥棒だって昔からあったじゃないか。じゃあ、泥棒をしてもいいのか、人を殺してもいいのか。そんな論理は通りません。

殺人や泥棒を減らしていくのが政治家の仕事です。いじめが昔からあったとしても、教育現場からいじめを減らしていくのが政治家の仕事です。それなのに、「強くならなければいけない。いじめ問題は個人の責任だ」といって済ませてしまったら、政治家としては失格です。

ところが、そんな石原発言に反発する宗教者がひとりもいないのです。いや、それどころか、いじめ問題について発言する仏教者がほとんどいないというのが現状です。


――宗教者はどんな発言をすべきでしょう?


ひろ　宗教者こそ、「いじめは昔からあった」と言っていいんです。

いじめをなくそうとしてはダメです。いじめをなくそうとしたら、いじめている子をいじめないといけなくなるからです。また、いじめられている子をよく見ると、いじめられる理由があるじゃないかということになってしまう。そうすると、先ほど言った小学生たちや石原慎太郎のように、多数決の盲信、あるいは行政的な判断に陥《おちい》ってしまいます。

だから宗教者は、「いじめは昔からあった」とだけ言えばいいのです。

そして、では昔のいじめといまのいじめはどこがどう違うんだと話を進める。そうすると、昔もいじめはあったけれども、昔はいじめられている子をかばう子がいたことに気づきます。

ところが、いまの世の中はいじめられている子をかばう子がいない。それどころか、いじめに加担することも少なくない。

ここが問題なのです。

そうだとすれば、いじめられている子供をかばえるような子をひとりでも多くつくることが宗教者の仕事であることが分かります。「たとえその子が間違っていても、いじめられている子をかばってあげるんだよ」と教えること。「間違っている人間でも、けっして糾弾《きゅうだん》してはいけないんだよ」ということを教え諭《さと》すべきなのです。

「PR型の論理」と「BA型の論理」

——政治と宗教では、おのずから果たす役割が違うということですね。

ひろ　私はつねづね「PR型の論理」と「BA型の論理」ということを言っています。「PR型の論理」というのは、〝Political《ポリティカル》〟(政治)と〝Religious《レリジャス》〟(宗教)の頭文字をとったものですが、この違いを見極めることが大切です。

いじめを例にとれば、いまも言ったように、ポリティカルな論理は「いじめをなくさないといけない」と考えます。それに対してレリジャスな論理は、いじめをなくそうとするのではなく、「いじめられている子をかばえるような子をつくろう」と考えます。

考える基盤が違うのです。

別の例を引けば、「私はヒステリーなんですが、どうしたらいいでしょうか」と聞かれると、私はいつも——ヒステリー？　いいじゃないですか。無理して治しなさんな。ヒステリーである自分を好きになりなさいよ、と答えるようにしています。

これは『「狂い」のすすめ』にも書いたことですけど、「ボクは引きこもりになってしまいました」という子には——せっかく引きこもりになったのだから、もう少し引きこもりを続けたらいいと思うよ、と言ったことがあります。すると、その子はニッコリ笑ってくれました。それまで、そういう類の言葉をかけてくれる人が誰もいなかったんですね。

ヒステリーや引きこもりがどうしたら治るのかと聞かれても、おいそれと答えることはできません。また、治るときは治るし、治らないときは治らないわけですから、治らなかったらしばらくその状態を続ければいいのです。

そう言ってあげるのが「R型の論理」です。

ところがいまの日本人にはこの「R型の論理」がなかなか分からないのです。

――もうひとつの「BA型の論理」というのは？

ひろ　「B」というのは〝Before《ビフォア》〟（前）、「A」は〝After《アフター》〟（後）の頭文字です。

今度は自殺を例に引けば、自殺する前（B）は当然、「自殺しちゃいけないよ」と忠告する。でも、自殺してしまった後（A）では、「自殺してよかったね」と言ってあげる。これが「BA型の論理」です。

すでに自殺してしまったら、いくら「自殺は悪いことだ」と言っても意味はない。これも当たり前ですが、自殺した後、「自殺してよかったね」というのも意味がないじゃないかと言われるかもしれません。たしかに、そう言ってあげても、自殺した本人の耳には聞こえません。でも、残された家族や両親には伝わります。「ほんとうに辛かったんでしょうね。きっといまごろは仏さまに迎えられて幸せになっているはずですよ。よかったですね」と言ってあげたら、どれだけ気持ちが慰められるか。これが「アフター」のこころです。

刑務所に入っている人に対しても同じです。

刑務所に入る前（B）であれば、「刑務所に入るようなことはするなよ」と言うのが当然です。でも、刑務所へ入ってしまったら（A）、「罪を犯してはならない」と言っても始まりません。では、「しっかり反省しなさい」とか「模範囚になって一日も早く釈放されるように努めなさい」

と言いますか？　囚人がいちばん聞きたくないのがそんな言葉です。そんなことを言うくらいなら黙っていたほうがマシです。

刑務所に入っている人には、「もうしばらく中に入っていなさい」と言えばいいのです。そのうえで、「刑務所の中で毎日を楽しく過ごせればいいね」と、そう言ってあげるのが最大のプレゼントです。

げんに、『塀の中の懲りない面々』という作品を書いた安部譲二さんという元やくざの作家もそんな主旨のことをいっていました。「刑務所に入っている人間にとっては、自分がいま刑務所にいるということを認識して、そこから始めることが大事なんです」と。

ところが世間の人は、この「ビフォア」と「アフター」も混同しがちです。

私が「アフターの論理」に基づいて「自殺、いいじゃないの」と言えば、「とんでもない」といってドッと批判の波が押し寄せてきます。刑務所についても同様で、常識的に、「刑務所に入れられるような悪いことはすべきではない」と言わないと、世間から総スカンを喰ってしまいます。

でも、もう入ってしまったのなら、「刑務所に入るようなことはするなよ」とか「一日も早く出られるように頑張りなさい」と言ったところで意味はないのです。そうであれば――すでに刑務所に入ってしまった以上、その日その日を楽しんだほうがいいですよ、と言ってあげるべきなのです。

繰り返せば、自殺をなくすように努力するのが政治家の役目です（P型の論理）。それを石原慎太郎みたいに「自殺なんて気の弱いヤツがするんだ」と一刀両断にしてしまったら、もう政治家とはいえない。しかし、宗教をもっている人は「さぞ苦しいだろうね」と同情してあげること（R型の論理）。また、自殺をする前（B型の論理）であれば「自殺をしてはいけないよ」と忠告すべきですが、自殺をしてしまったら（A型の論理）、「ラクになれてよかったね」と言ってあげることです。

発言をしない仏教者は宗教者といえない

――ところが、「PR型の論理」や「BA型の論理」に気づいていない政治家や宗教者が多いということですね。

ひろ　そういう自覚がないから、「PR型の論理」でいえば、「R（宗教）の論理」に立った発言をしない。だから、世の中がすべて「P（政治）の論理」で覆《おお》われてしまうのです。

一例を挙げれば、いま医療界には「がんと闘って生きるべきだ」という意見と並んで、「がんとは闘うな」という意見があります。医者とすれば、両方の意見が出てくるのは当然だと思いますが、では私たちはどちらを選んだらいいのか。がんと闘うべきなのか、闘わずにいるべきなのか。

こうした問題について日本の宗教者はほとんど発言をしていません。でも、このような問題に関しては、科学は最終的な判断を下せないのだから、宗教者こそが何らかの発言をすべきなんです。

最近は、「インフォームド・コンセント」とか「セカンド・オピニオン」などと言われておりますが、そんなものを聞いたところで、ほとんど役には立ちません。科学というものはいつでも複数の意見を出してきますから、そのうちのどれを選ぶか、最終的に判断するのはやっぱりご当人です。そしてそのとき、判断の指針のひとつになるのが宗教です。ところがいまも言ったように、日本の宗教者、仏教者は何の発言もしない。これでは宗教者としての役割を果たしていません。

――先生は、『患者よ、がんと闘うな』という本を書かれた慶応大学の近藤誠医師と『死に方のヒント』

（日本文芸社）という共著を出されています。ということは、「がんとは闘うな」というお考えですか。

ひろ　近藤さんはデータを挙げて「がんと闘っちゃダメだ」と言われるわけですが、私も同意見です。

仏教は、「老病死《ろうびょうし》を敵視しない」、いや、むしろ、「老病死と仲よくしなさい」という教えですから、がんとも闘うなと教えているはずです。

そのうえで近藤さんの意見を聞いてみると、「老衰死」と診断された昔の人は、ほとんどががんで死んでいるそうです。心臓病や脳外科の病気であれば、ひと目見て、心筋梗塞《こうそく》とか脳溢《のういっ》血《けつ》と診断できますが、そうではない場合はたいてい「老衰死」として処理されたといいます。解剖すればがんが見つかったはずだけれど、でも昔はそこまでやらなかったから、がんという診断はなされなかったわけですね。言い換えれば、いまは細かい診断をするから、がん患者が増えているだけで、昔もいまと同じくらいがん患者がいたに違いない、というのが近藤さんの見方です。

老衰死と見間違えるくらいだから、がんというのは放っておいたら安らかに死ねる病気なのです。枯れるがごとくに静かに死んでいける病気が、がんという病気である。だから私は、がんというのはいちばんいい病気なんじゃないかと思っています。放っておけば何の悪さもしない。もちろん、ある種のがんは痛みを伴うようですが、ほとんどのがんは放っておけば痛まないといいます。近藤さんも、「がんが痛むのは手術をして体力が落ちるからだ」と言っていました。

だから私は、近藤さんと『死に方のヒント』を出したとき、冗談ではなく『私はがんになりたい』というタイトルを思いついたくらいです。

世間の人たちはみんな、「ひろさちやががんになったらどうなるか」と手ぐすね引いて待っていると思いますので、ここはひとつ慈悲の心を発揮して私もがんになってあげないといけないんじゃないかと、そう思って『私はがんになりたい』というタイトルを考えたわけです。もっとも、そのタイトルは出版社サイドから却下されてしまいましたけれども……。

――先生であれば、がんになってもオタオタしませんか？

ひろ　がんになったら、オタオタしたっていいんです。もしも痛みが出てきたら、「痛い、痛いッ」と騒ぎまくって生きればいいんです。私だってそうするかもしれませんよ。

後で詳しくお話ししますが、がんになったらがん患者でいればいいし、鬱病《うつ》になったらしばらく鬱病のままでいればいいのです。老人になったらボケればいい。何事も「そのまんま」というのが大切です。

ところが、宗教者がそうした仏教の精神を教えないから、世間の人はみな、がんと闘ってがんを克服するんだと考えてしまう。だからダメなんです。

——そういえば、先生はかつて、エホバの証人の信者だった子が輸血を拒否して亡くなったとき、月刊「文藝春秋」に「信仰だからそれでいいじゃないか」とお書きになって物議をかもしたことがありました。

ひろ　輸血は受けないということが宗教的信念に基づいているなら、それはそれでいいんだと書いただけです。そうした判断が医学的に誤っているか誤っていないか、それは別次元の問題だから、エホバの証人の信者が自分の信じる宗教に忠実に生きていこうとするのは尊重すべきだ、と言ったわけです。自分がいかに反対の意見をもっていたとしても、やっぱりその人の信念を守ってあげなければいけないと思います。

同じことはフランスの哲学者ヴォルテールも言っています。「私はキミの意見に反対だ。しかしキミがそうした意見をもつことを私は命に代えても守る」と。

宗教にはそうした精神が必要なんです。

ところが、そう書いたら大正大学の加藤精一という仏教学者が、「ひろさちやはひどい男だ」といって批判してきた。「それでは助かる命も助からないじゃないか。『死ね』と言っているようなものだ。ひろさちやの意見は仏教のはき違いだ」と、そういって猛烈に喰ってかかってきました。

私の目から見たら、エホバの証人はキリスト教から逸脱しているように見えます。しかし、たとえそうであったとしても、それを信じている人を排斥してはいけないのです。それが宗教を信じるということです。

――あのとき、なぜ論争されなかったのですか？

ひろ　論争というのは意味がないからです。

相手は相手の土俵をもっているし、私は私の土俵に立っている。その土俵の違いから意見が違ってくるわけですから、あえて言い合いをしてもまったく意味がないのです。レスリングと空手とどっちが強いかと言い争うようなもので、そんなのはまったく無意味だと思います。

だから私は、論争などしないことにしているのです。

相手がもし旧知の間柄の人であれば、手紙でも書いて、「ただいまはご批判をいただきました。

貴重なご批判をよく肝に銘じて、今後の執筆活動に活《い》かしていく所存です」といってやったほうがいいのではないでしょうか。そうすれば、相手だって「いやあ」なんていって、かえって恐縮すると思いますよ。

日本人は宗教の恐ろしさを知らない

——ついでにうかがいます。サリン事件を起こし、あれだけ世の中を騒がせたオウム真理教については、どのように見ておられますか?

ひろ　一九九五年にオウム真理教の事件が起こったとき、私はお遍路《へんろ》さんの同行講師として四国をまわっていました。そこでひどい風邪をひいてしまいましたが、お役目ですから、話をしないわけにはいきません。四十度ぐらいの熱を押して、ガタガタ震えながら講演をしたのを覚えています。

四国から帰った翌日には、紀伊國屋ホールで講演会があって、もう辛くて辛くて仕方なかったのですが、その仕事もすませました。その帰り道、あまりにも具合が悪いので病院に連れて行ってもらったところ、「放っておいたら死にますよ」と脅かされて、それから一か月近く寝ていました。

オウムの事件が起こったのは、そのときです。

あちこちのテレビ局から、「コメントを欲しい」とか「番組に出演して欲しい」と言われましたけれども、そんな状態ですから全部お断りしました。でも、いま振り返ると、あれがよかったと思います。

というのも、私がテレビに出てコメントしようものなら、「オウム真理教のどこが悪いのか」と発言していたはずだからです。――オウム真理教はサリンをばら撒《ま》いて何人殺したのか。クルマは年間、何人殺しているか。現代社会においては自動車産業だって犯罪人ではないのか。いや、それより天皇制日本は戦争で何人殺したのか、と。そうなったらエホバの証人のとき以上の物議をかもすことになったと思います。寄ってたかってバッシングを受けることになったでしょうね。

でも、宗教が人殺しするのは当たり前なのです。宗教が平和の教えだというのは、そんなのは飼い馴《な》らされた宗教にすぎません。宗教というのはそもそも怖い一面ももっているからです。

たとえば、イエスははっきりこう言っています。

わたしが来たのは地に平和をもたらすためだと思ってはなりません。わたしは、平和をもたらすために来たのではなく、剣《つるぎ》をもたらすために来たのです。（「マタイの福音書」）

そして何をやったかと言えば、ユダヤ教の神殿のぶち壊し運動までやっています。「こんな混沌《こんとん》とした世の中はぶち壊してしまえ」と言ったわけです。宗教からすれば、それが正しいことなのです。

ところが、いまの仏教にはその力がありません。この世の中を批判する力を失ってしまった。だから自民党の迎合者になってしまったわけです。自分たちは権力に擦り寄りながら、信徒に向かっては「あなたがた、隠忍自重《いんにんじちょう》しなさい」などと言っている。なぜこの世界に反抗しないのか。なぜ自民党をやっつけようとしないのか。

「平和だ、平和だ」と言ってばかりいる、そんな平和は願い下げです。そんなのはアメリカに尻尾《しっぽ》を振っているだけじゃないですか。「屈辱の平和」にすぎません。アメリカのためとあらば、平気で憲法を踏みにじり、イラクに軍隊を送った小泉（純一郎）や安倍（晋三）は売国奴です。どうして仏教者があういう政治家を批判しないのか。

私は宗教を四つに分類しています。ひとつは「ホンモノ宗教」で、もうひとつが「ニセモノ宗教」、それから「インチキ宗教」に「インポテ宗教」。最後のインポテ宗教というのは、パワーをなくした力のない宗教をさしています。

ですから、四種類の宗教があるというのではなく、宗教には四つの側面があるという意味になります。つまり、本来の仏教は「ホンモノ宗教」であるけれども、いまの日本の仏教は「インポテ宗教」でもある、ということになります。悪いことをしでかす力もない代わりに、人を救う力もないわけです。

でも、ほんとうの「ホンモノ宗教」には力があります。人を救う力があるということは、人を殺す力もあるのです。

宗教がなくなった日本人にはそこが分からない。だから、世の中に迎合するような「インポテ宗教」を宗教だと思ってしまう。結局は、宗教というものを誤解しているのです。宗教は穏やかなものだと思っているけれど、ほんとうは怖い一面ももっているのです。

「ジハード」は「聖戦」ではない

——イスラム教の信者たちの〝ジハード〟、つまり〝聖戦〟という考え方もそうした怖い一面のあらわれでしょうか？

ひろ　いや、あれは違う。

〝ジハード〟は、アラビア語では「努力」という意味です。

イスラム教には「戦争の家」「平和の家」という概念があって、世界が平和な状態であるときは戦争をしてはいけない、真面目に努力しなさい、と教えています。

では、「努力」とは何かと言えば、イスラム教徒がイスラム教徒らしい生活をすることです。『コーラン』に規定されている生活をしっかり守ること。すなわち、信徒はただアッラーのみを信じて、「信仰告白」「礼拝」「喜捨《きしゃ》」「断食」「巡礼」の五行《ごぎょう》を遵守《じゅんしゅ》することです。そうすればいずれ世界の人々がイスラム教のよさを分かってイスラム教徒に変わるだろうといいます。そうした努力を重ねることが「平和の家」の状態にあるイスラム教徒の義務です。

しかし世界が戦争状態にあって、相手から攻撃を仕掛けられたときは、自分たちだけがイスラム教徒としての正しい生活をしていたのでは国が滅びてしまう。そのときは武器を取って戦いなさい、というのが「戦争の家」の概念です。

世界が戦争状態にあって自分たちが侵略されたとき、〝ジハード〟は初めて〝聖戦〟という意味になります。「平和の家」の状態にあるときの〝ジハード〟とは、イスラム教徒らしい生活をすることとです。したがって、いまのマスコミのように、〝ジハード〟を「聖戦」とだけ訳すのは大間違いです。

〝ジハード〟を厳密に訳すとすれば、「真面目な努力、聖なる努力」とするのがいいように思います。仏教用語でいえば、「正精進《しょうしょうじん》」です。正しい精進をしなさい、ということですね。

ついでに言っておけば、宗教の対立によって起こる戦争、つまり「宗教戦争」ということがよく言われますが、現代において宗教戦争なんてありません。戦争はすべて「政治戦争」です。政治的理由によって行われている戦争であって、宗教が引金になっている戦争はありません。

たとえばユダヤ人の国・イスラエルにおいて、ユダヤ教徒とイスラム教徒の仲が悪いかといったら、そんなに悪いわけではない。日本では浄土真宗と日蓮宗の仲が悪いと言われますけど、じゃあ喧嘩《けんか》しているかといったら、そんなことはありません。それと同じことです。

アメリカで9・11テロが起こったとき、大統領のブッシュは「十字軍を起こさないといけない」と馬鹿なことを言いましたが、あの十字軍こそ、キリスト教の軍隊が何の理由もないのに「ここは神の土地だ」といってイスラム教徒の土地へ乗り込んで行って起こした宗教戦争です。そのかぎりでは、宗教が世界を支配していた神聖ローマ帝国の時代には宗教戦争があったけれども、現代ではもはや宗教戦争なんてありません。

十字軍がイスラム教徒に対していかにひどい虐殺を行い、いかに人倫に反することをやったか――アラブの人たちはそれをよく覚えています。イスラム教徒から見れば、十字軍とは「悪魔の集団」の所業です。だから、十字軍に対する歴史的な反感は非常に強い。それにもかかわらず、ブッシュは発作的に「十字軍を起こせ」と叫んでしまった。ブッシュがいかに宗教の勉強をしていないか、それを露呈した出来事でした。

そうしてイラク戦争が始まったわけですが、その背景にあるのはアメリカの経済的理由です。武器をどんどん費消《ひしょう》しないとアメリカ経済はもたない。だから、戦争をしたくてしたくて、しようがないのです。じっさい、戦後いちばん戦争をしてきた国はアメリカです。資本主義体制の下で兵器産業を太らせるために戦争を続けてきたわけです。それを全部、宗教のせいにしているのです。

ところが、宗教オンチの日本人はアメリカの言い分をそっくりそのまま信じてしまうんですね。イラク戦争が宗教戦争だなんて、とんでもないインチキ、大ウソです。

美学、道徳、クソ喰らえ

――日本人は「宗教オンチ」である、と。

ひろ　宗教をもっていないから、みんな、美学に頼ろうとしています。「美しく生きないといけない」とか「どうしたら美しく死ねるか」などと考える。あるいは、「男の意地」とか「節度のある生き方とは何か」と、そんな議論ばかりしている。先ほど話に出た〝生き方本〟の流行もそこに根があるわけです。

日本人がいま窮屈な生き方をしているのは、宗教をもたずに、美学に拠りどころを求めているからです。

ところが、「立派な生き方」なんていっても、時代や社会によってまるで違ってしまうのです。見る角度によっても違ってくる。江戸時代は主君のために腹を切るのは美しい行為とされ、誉めそやされたものですが、現代人の目から見れば、切腹なんてアホらしいかぎりですよ。主君のために腹を切らなければいけないと言われたら、さっさと浪人になって長屋暮らしをして、そして長生きしたほうがいいじゃないですか。

ひょっとすると、「オレは社会に貢献できるような立派な仕事をすることを生き甲斐にしている。それも悪いのか」といって、反論してくる人がいるかもしれません。私だって、強いて「立派な仕事」を否定するつもりはありませんが、でもよく考えてみれば、「立派な仕事」にも問題がないわけではない。第一、そうした仕事をするには大勢の人と競争して勝者にならなければならない。そのためには人を蹴落《けお》とさないといけないし、カネも必要だ。朝から晩まで、仕事に振り回されることになるかもしれない。そうなったら、修羅の生き方です。

また、もしもその仕事に失敗したら、その人の人生は失敗だったということになってしまうでしょう……。

美学に頼った生き方はやっぱり窮屈です。


——美学は宗教の代用品にはならないということですね。

ひろ　その点では道徳も同じです。道徳も美学といっしょで、時代と場所によって変わるから宗教の代わりにはなりません。それに対して、宗教は時と所によって変わることがありません。
ここが宗教と、美学や道徳とのいちばんの違いです。

たとえば、戦争中は敵をひとりでも多く殺せる人間が立派だと言われるけれども、平和な時代に人を殺したら殺人者になってしまう。中国へ行ったら日本の道徳が通じないことだってありますよ。そんなふうに時間と空間によって制約されるものが道徳や習俗、マナーですから、宗教の代わりにはなれないのです。

日本では、「よそのお宅へうかがったら、出されたものを食べ残してはいけませんよ」と教わります。ところが中国でもアラブでもインドでも、出されたものを全部食べてしまったら、主人に対して「これしか出さないのか。おまえはケチだな」と言っていることになってしまいます。主人側からすれば、お客さんが食べきれないほどのご馳走《ちそう》を出すのがマナーなのに、それを全部食べられちゃったら立つ瀬がない。片倉もとこさんというイラク大使の奥さんと対談したときも、そんな話になりました。

道徳や習俗は国によって違うのが当たり前なのです。

紀元前のギリシアの歴史家ヘロドトスの『歴史』にもこんなエピソードが出てきます。

カッラティア人と呼ばれるインドのある部族の人間に、「カネをやるからおまえの父親を火葬にしろ」と言ったところ、「そんな親不孝なことはできない」といってワンワン泣き出したといいます。その部族では死者の肉を食べるのが供養《くよう》になると考えられていたから、亡くなった親の肉を食べるのが子供としての義務だったわけです。それなのに父親を火葬にしてしまったら、親不孝者になってしまう。「とてもそんなことはできない」といって泣いたわけです。

習俗というのは、その国その時代によってこれほどにも違ってしまうのです。

いまの政府は盛んに「道徳教育をやれ」と言っていますが、それは人間としての生き方ではなく、日本人としての生き方を教えろ、という意味です。しかもそれは、昔ながらの神道や仏教の精神に則った日本古来の生き方ではなく、混迷するいま現在の生き方にすぎないわけですから、そんな道徳教育なんてクソ喰らえ、というのが宗教の精神です。

道徳からは権力関係も発生します。つまり、上の人間は非道徳でもいいけれども、下の人間はその道徳に縛られる。一例を挙げれば、出張のとき社員が集合時間に遅刻すると、こっぴどく怒られますが、社長はいくら遅れても平気です。「社の大事があったのだ。文句があるか」と言われれば、もう何も言えません。要するに、強者が弱者を支配する道具が道徳であるという一面もあるわけですから、それではとても宗教の代わりを務めることはできません。

生き甲斐などもつな！

――すると、倫理や哲学といったものもダメですね？

ひろ　倫理は、人間の理性を使って時代と空間を超越したモラルを探り求めるものですから、道徳よりはややマシだと言えるかもしれません。それでも、あくまでも人間の理性でつくり上げるものですから、とても宗教の域までは達しません。

たとえば、フランスの哲学者サルトルが唱えた実存主義にしても弱点があります。サルトルが最後に分からなくなったのは、「Dasein《ダーザイン》」（現存在）という、いまここにある存在（人間）は何のために存在しているのか、という問題です。

周知のようにサルトルは無神論者ですが、「仮に神がいたとして」というかたちで考えます。たとえば靴は人間が履くためのものです。ビール瓶はその中にビールを入れるためにつくられる。そんなふうに、存在物にはみなそれぞれの用途がある。では、神は何のために人間をつくったのか。

そうした問いについて、キリスト教は「隣人を愛するように」とか、「みずからを完成させるために」とか、いろいろ論じてきたわけですが、サルトルは、「それは違う」と言ったわけです。仮に神が人間をつくったとしても、何の機能も何の目的も与えずにつくったのだ、と言った。だから人間は自由に生きていいのだ、と。

まして、サルトルは神の存在を認めない無神論者ですから、自分がどう生きるか、すべて自由だ、と考えた。神に拘束されてはいない、とした。

これがサルトルの実存主義の骨子です。

人間は自分で勝手に生きればいい。自由だ、と言った。ただしそうなると、オレの自由だからおまえを殺すということも起こりかねない。他人を奴隷にする自由まで認められてしまうかもしれない。その制限をどこに置くか——西洋の哲学者はみな、その問題に苦しんできたわけです。

そこでサルトルが持ち出してきたのが「engagement《アンガージュマン》」、つまり社会参加（ないし政治参加）という原理です。私たちは社会のために生きないといけない、と言ったわけです。でも、そんなことを言ったらお終いです。というのも、結局は世の中の都合に合わせることになってしまうからです。その意味でサルトルは失敗したし、そこに倫理や哲学の限界があるというべきです。

それに対して、宗教は時間と空間を超越しています。

お釈迦さんは生誕の瞬間、右手で天をさし、左手で地をさしながら、「天上天下唯我独尊《てんじょうてんげゆいがどくそん》」とおっしゃった。これは「あめがうえ、あめがした、われにまされる聖者なし」という意味ですけれども、生まれたばかりの赤ん坊がそう言ったとされるのは、「釈迦の説く教えは宇宙の真理だ」という意味です。人間が考え出した教えではない。人間の次元で説いていることではなく「宇宙の真理である」と言っているわけです。だから人は、その教えに従っていればいい。これが釈迦、延《ひ》いては仏教のマニフェスト（宣言）です。

そうした宗教はもちろんのこと、美学や道徳も、倫理や哲学ももっていない現代の日本人は、何度も繰り返すように単なるアニマルになってしまった。「人間、欲のために生きるのは当たり前じゃないか」と居直るようになった。ライブドアのホリエモン（堀江貴文）など、「カネがすべてだ。カネで買えないものがあるか」と嘯《うそぶ》いていましたが、あんなのはまさに畜生の生き方です。

そして、宗教をもっていないと、ホリエモンのような生き方に対する嫌悪《けんお》、反発がまた美学になってしまうのです。美学↓畜生↓美学↓畜生、が繰り返される。でも、両方とも「無信仰」というコインの裏表でしかありません。

美学であれ欲望であれ、それによってつくられた「生き甲斐」なんて容易に滅んでしまいます。カネだって、泥棒に入られたらなくなってしまうし、インフレになったら紙くず同然になってしまう。あらゆる生き甲斐はいつかは崩れるものです。だから私は、

「生き甲斐などもつな」

と、繰り返し言ってきたのです。

――そういえば、先生は昔、金塊を盗まれたことがあります。

ひろ　私が本を書き始めたのは三十八歳のときでした。当時は気象大学校の先生をしていて国家公務員でしたから、給料をもらっていました。本を書くと、そのうえに印税も入ってくる。

そこでやっぱり「お返し」をしないといけないと思ったから、最初は印税の十分の一を積み立てておいて、お金が貯まると寄付をしていました。それでも、私はクルマももっていないしゴルフもやらない、別荘ももっていないから、お金が余って仕方がなかった。しかも、だんだん本が売れるようになると、印税の額も増えてきて、大学を辞めるころは、どうでしょう、給料の二倍ぐらい収入があったのではないかと思います。そのころには寄付する額も印税の十分の一以上になっていたように記憶しています。

そんなとき学校を辞めたわけですが、それでも生活にはちっとも困らないわけです。カネも

余っている。そこで私はインドに学校をつくることを思い立ち、カネが余るたびに貯金をしていました。

前にお話ししましたように、親父の五十回忌に際して菩提寺《ぼだいじ》に一千万円寄付したのは、ちょうどそのころのことです。すると税務署が飛んで来て、「このカネはいったいどうしたんだ」というわけです。お寺に寄付をしたと言ったら、「そんな寄付は認められない。お子さんたちに贈与したんじゃないか」とか何とか、いろいろ難癖《なんくせ》をつけてくるわけです。自分で稼いで、きちんと税金も払ったカネなのに、いちいち文句をつけてきた。

そこで、インドに学校をつくろうと思って貯めていたお金もちょっと心配になってきたのです。私は、もし自分が志なかばで死んだらインドの学校のことは子供たちに頼もうと思っていたわけですが、その税務署騒動で、もし子供たちにお金を渡して学校づくりを依頼すると、子供たちに相続税がかかってしまう恐れがあることが分かったのです。それでは彼らが可哀そうだと思ったから、それからは銀行に預けないで自宅に現金を置いておくことにしたわけです。

すると、家を留守にしている間に泥棒に入られて、一億円以上盗まれてしまった。

あのとき真っ先に思ったのは――仏さまがお金の保管場所を替えられたのだ、ということでした。じっさい私は、お金を盗まれる前から子供たちに、「これはお父さんのお金じゃないんだよ。もちろん、あなたがたのカネでもない。これは単に、仏さまから預かっているお金なんだよ」と教えていましたから、盗難に遭ったこと自体は何とも思いませんでした。仏さまが、「インドに学校をつくるとか何とか、そんな慈善事業はやめておけ。おまえの仕事は仏教の本を書くことではないか。また、それが私の頼みでもある」と、そう言われたように思ったからです。

そう思うと、すっかり気がラクになりました。

インドに学校をつくることもやめた。オレは寄付するために仕事をしているわけではないんだと思うことにして、「寄付」と名のつくこともスッパリやめました。それ以前は、慈善事業とか赤十字とか、どこに寄付しようかと頭を悩ませた時期もありましたが、盗難に遭ってからは、道を歩いていて寄付を頼まれても「あ、仏さんから『やめとけ』と言われましたから」と言って寄付はしていません。お寺から何か言われても、「私、仏さんにそう言われましたので……」と言ってお断りしています。

自然体というのか、インドに学校をつくってやろうという気負いもなくなって、スッと肩の荷がおりたような気がしました。後で詳しくお話ししますけれども、

「何だっていい。こだわるな」

改めてそういう気持ちになれました。

第三章

自分の宗教をもつ生き方

ブッダン・サラナム・ガッチャーミ

――ここまでのお話をひと言でまとめれば、現代が混沌としているのは宗教がないからだ、ということになります。

ひろ　悪貨は良貨を駆逐《くちく》すると言われるように、宗教をもっていないからインチキ宗教がはびこるのです。「占い」とか「壷売り」なんていうのは典型的なインチキ宗教です。

――では、本物の宗教とは何ですか？

ひろ　冒頭にも言いましたように、人間としての生き方を教える宗教です。

――いま、そうした本物の宗教はありますか？

ひろ　仏教もキリスト教も本物の宗教ですが、パワーをなくし、インポテ宗教になりつつあることは否定できません。その意味ではやっぱり、各人が自分の宗教をもたないとダメだと思います。「これが私の宗教だ」と言えるような宗教をもつ必要があります。

私が最近考えているのは、「無寺院主義」ということです。

キリスト教でいえば、内村鑑三は「無教会主義」といって、教会なしのキリスト教を唱えましたが、ほんとうに無教会主義が成り立つかどうか――。結論から言えば、ちょっとむずかしいように思います。

カトリック（いわゆる旧教）の場合、神と人との間をとりなしてくれるのは『聖書』ですが、その解釈権はローマ法王にあります。『聖書』にあるひとつひとつの文句をどう解釈するか、あるいは安楽死や臓器移植といった問題をどう解釈するか、その解釈権は一手にローマ法王が握っています。

それはおかしいじゃないかと抗議したのが、周知のように、ルネッサンスのころドイツにあらわれたマルチン・ルターです。ローマ法王に反旗を翻《ひるがえ》して、「個人それぞれが『聖書』を通じて神と結ばれているのだから、法王ひとりがその解釈権を握っているというのはおかしいじゃないか」と言い出した。要するに、『聖書』の解釈権を個人化・個別化したわけですね。それがルターのプロテスト（抗議）です。やがてそこからプロテスタント（新教）が生まれるのはご存じのとおりです。そうした動きが起こる背景にはもちろん、免罪符を売ったり僧侶の位をカネで売買したりして金儲けをしていたカトリック教会の腐敗もありました。

私は元来そうしたプロテスト（抗議）が好きですから、仏教の場合についても、ちょっと似たようなことを考えてみたわけです。

お寺の坊さんだけに経典の解釈権があるかどうか。それはないと思うし、不勉強な坊さんばかり揃《そろ》っていますから、「解釈してみてくれ」と言ったって、できないだろうと思います。そうすると、「無寺院主義」というか、お寺ナシの仏教もありうるのではないか、と考えてみたのです。

ただし、よくよく煮つめていくと、無寺院主義が成り立つものかどうか、ちょっとむずかしい問題にぶつかってしまいました。

仏教というのは「三宝《さんぽう》」といって、「仏法僧《ぶっぽうそう》」に帰依するのが基本です。そこから「僧」だけを取り除いて仏教が成立するのか、という問題です。「僧」を除くと「二宝」になってしまいますから、これでいいのかどうか。「仏」と「仏の教え」（法）だけで仏教になるだろうかと、その点が疑問として残ったのです。

そこで思い出したのは、同行講師としてインドへ行ったときの出来事です。

インドで私たちの一行は仏跡めぐりをして、仏跡へ行くごとに『般若心経《はんにゃしんぎょう》』を上げていました。すると同行者の中にひとり日蓮宗の信者がいたのです。日蓮宗は『般若心経』を上げませんから、その人も「私は『般若心経』が嫌いですから」と言って、みんながお経を上げているとき、ひとり遠く離れていました。「私は心の中で（日蓮宗の）お題目を唱えますから大丈夫です」と言っていましたけれども、私としてはやっぱり気になります。

だから次の仏跡へ行ったとき、同行の人たちにこう提案してみたのです。「日蓮宗の方もおられるので『般若心経』ばかり唱えていては悪いですから、どうでしょう、今度は三帰依文《さんきえもん》をやりませんか」と。そうして、

ブッダン・サラナム・ガッチャーミ
ダンマン・サラナム・ガッチャーミ
サンガン・サラナム・ガッチャーミ

と、パーリ語でお唱えしました。

これはご承知のとおり、「私は仏陀に帰依いたします。私は法に帰依いたします。私は僧に帰依いたします」という意味です。

そうやって「仏法僧に帰依します」と唱えていたら、今度は別の人が、「私は三帰依文が嫌

いですから」と言うのです。これにはビックリしました。三帰依文を嫌いだなんて、そんな人に出会ったのは初めてですから、どうしてですかと聞いてみた。そうしたら、「仏に帰依するのもいいし、法にも帰依します。でも、女を抱いて酒を呑むような、そんな坊主には帰依できません」というわけです。そこにはお坊さんもいましたので——その話については後ほどお話しすることにします、と言ってその場はいったん収めました。

そうは言ったものの、さて、どうしたらいいものか。クビをひねっていたら、学生時代に英文のパーリ語辞書を引いたとき、〝サラナ〟という言葉が「シェルター」という意味であったことを思い出しました。シェルターですから、まあ、避難所とか防空壕のようなものです。

そんな記憶が甦《よみがえ》ったものですから、私は「サラナ」というのは「シェルター」という意味ですよ、と言ってからこう説明を続けました。——「ガッチャーミ」というのは英語でいえば〝go〟という意味です。したがって、「ブッダン・サラナム・ガッチャーミ」というのは、「仏陀というシェルターに逃げ込みます」という決意表明になります。私たちは世間の荒波にもまれて苦しくなったとき、「仏陀」というシェルターに逃げ込むわけです。同時に、「仏陀の教え」（ダンマ）にも、「僧伽《そうぎゃ》」（サンガ）という避難所にも逃げ込みます。では、三番目の「サンガ」というのはどういう意味でしょうか。この「サンガ」を漢字で書くと「僧伽」。その省略形が「僧」ですが、本来は「集まり」とか「組合」という意味です。だから、「サンガ」というのは必ずしも「お坊さん」だけをさしているわけではありません。正確に言えば「仏教者の集まり」という意味ですから、仏教の信徒である私たちの集まりも「サンガ」なのです、と。

そういうふうにうまく説明できたので、「三帰依文が嫌い」だと言っていた人も、それ以降は三帰依文を唱えるようになりましたが、そのときのエピソードを思い出すにつけても、「仏法僧」から「僧」だけを排除するのはやっぱりまずいわけです。

したがっていまは、無寺院主義をちょっと棚上げしている状態です。

家庭という「僧伽」

――宗教というのが、世間の荒波にもまれたとき逃げ込む「シェルター」ないし「避難所」だというのは面白い比喩《ひゆ》だと思います。

ひろ　子供時代の私たちは、外でいじめられたとき、家に帰ってきてお母さんの顔を見るとホッとしたものです。それが結局、「僧伽」なんですね。だから、大人になってからも家庭を避難所にすればいいのです。世間の荒波にもまれて苦しいとき辛いときは、家庭という避難所に逃げ込めばいい。

ところがまわりを見渡しても、いまの日本には避難所になるような家庭がありません。少子化で子供はいないし、共稼ぎだと会社から帰ってきても妻や夫がいないことが多い。それでは避難所にならないわけです。学校や会社でイヤなことがあっても、ホッとできる場所がない。そうするとどうするかといえば、サラリーマンは「赤提灯・サラナム・ガッチャーミ」ですよ。仲間同士、酒を呑みながら、社長や上司の悪口を言ったりグチをこぼしたりするだけ。これでは避難所になりません。また核家族化が進んでいますから、田舎にひとり暮らしという年寄りも多い。そういう人は何か辛いことがあっても、グチをこぼす相手がいない。

私たちはもっと家庭を大事にしないといけないと思います。日本人みんなが、避難所になりうるような家庭をつくっていくことが大事です。

そういう家庭ができれば、その家庭はおのずから「僧伽」になります。家庭が「仏教者の集まり」になれば、お寺なんてどうだっていい、と言えるようになります。ところが、いまのままではちょっと……。

――「仏教者の集まり」というと、具体的にはどんなイメージでしょう?

ひろ　世間はかならず人を分類します。優等生と劣等生、勉強の好きな子と嫌いな子、勤勉な人と怠惰な人、若者と年寄り、健常者と病人……といった具合に分けます。

ところが「僧伽」としての家庭は分けない。ということは、

「何だっていい」

ということです。

勉強ができる子もいいけど、勉強のできない子もいい。若者もいいけれど、年寄りも素晴らしい。両方ともそのまんま受け止めることができるのが避難所としての家庭です。家に帰ってきたときは、子供に向かって世間の評価は問題にしない。テストの成績が悪かろうが、入学試験に失敗しようが、責めないし怒らない。もちろん、子供に対してだけでなく、自分の親が矍《かく》鑠《しゃく》としていようがアルツハイマーになっていようが、それこそ「どっちだっていい」と受け止められるような家庭です。

それが「僧伽」としての家庭のイメージです。

子供が四十人のクラスでビリの成績をとってきても、家に帰ってきたら誉めてやる。「おまえ、偉いな。クラスのみんなを喜ばせてやっているわけだからな」と言ってあげるのです。「三十九人の仲間を幸せにしてやっているのだから偉いもんだよ」と言ってやる。

将棋の米長邦雄さんには、こんなエピソードがあります。

米長さんも若いときは将棋に負けると悔しくてならなかったから、落ち込んでヤケ酒を呑んでいた。そうしたらお母さんがこう言ってくれたというのです。「負けたっていいじゃないの。おまえに勝った相手の人が喜んでいるんだから」と。そのひと言でハッと気がついたと、米長さんは言っていました。お母さんのそのひと言が「さわやか流」のもとになっているわけですが、そういう見方がいまの日本人にはなかなかできないんですね。

また、キリスト教の家庭であれば、「幸いなるかな、貧しき者」と言ってあげること。イエス自身、そう言っているわけですから、貧しければ貧しいまま素晴らしいわけです。貧しければ幸せだ、というのがクリスチャンの家庭のイメージになります。

少なくとも、子供はいい成績を取らないといけないとか、お父ちゃんは給料をたくさん稼いでこなくてはいけないというのは、キリスト者や仏教者の家庭ではありません。

宗教はそう考えるわけです。前章で言った「R型の論理」というのもそういう意味なのです。


——世間とは違う尺度をもつ、ということですね。

ひろ　ある講演の後、小学生を連れたお母さんがやってきて、「うちの子がぜひ先生にお聞きしたいことがあるというので連れてきました」と言われたことがあります。小学校五年生の女の子でしたが、その子に聞かれたのは、「先生、学校の宿題は大事なんですか」ということでした。もちろん宿題は大事だよ、と答えたら悲しそうな顔をしている。それで、シマッタと思いました。答えを先に言っちゃダメだと気づいたからです。

　そこで、何があったのか聞いてみたら、お祖母ちゃんが風邪をひいて寝ていたので、その部屋へ行っておしゃべりしながら折鶴を折っていたと言います。すると、お母さんが入ってきて、「何やっているの。学校の宿題があるんでしょ。お祖母ちゃんの病気なんかどうでもいいから早く宿題をやりなさい」といって怒られたというのです。「宿題は、お祖母ちゃんの病気より大事なんですか」と言うから――あ、そういう質問だったの、ご免ねといって、学校の宿題なんてどうだっていいんだよと答えました。

　そうしたら、今度はお母さんが烈火のごとく怒り出した。顔を真っ赤にして、「この子が落ちこぼれたらどうするんですか、先生」と言うから、お祖母ちゃんの病気なんかどうでもいいなんて言っていると、自業自得《じごうじとく》で、このお子さんが大きくなってからきっと同じことを言われますよ、と言ってやりました。

「世間の物差し」しかもっていないから、年寄りにいたわりの気持ちを持つことと宿題をすること、どちらが人間らしいか、それが分からなくなってしまっているのです。

でも、そんな人ばかりではありません。この母親とは対照的なお母さんに会ったこともあります。

これも講演会のときの出来事ですが、芦屋《あしや》(兵庫県)で、「鬱になったら鬱でいればいい、引きこもりになったらしばらく引きこもりをつづけたらいい」という話をしたら、終わった後、七十歳ぐらいのお母さんが四十歳前後の息子さんを連れて来て、「もう、うれしくて」といってボロボロ泣くわけです。「先生の講演を聞いて吹っ切れました。この子はもう引きこもりでいいと思うようになれました。いまの私はこの子のおかげで日々充実して生きられます。ほんとうにこの子のおかげです」と言って、子供に手を合わせて拝んでいました。

それを見て、私もとてもうれしかったので——お母さん、不安はありますか、と聞いてみました。するとそのお母さんが、「先生のおっしゃろうとしていることは分かります。私が死んだ後この子がどうなるか、おそらくそれを不安に思っているのではないかと、先生は心配してくださっているんでしょう」というわけです。じつは私もその解決策を教えてあげようと思っていたので、お母さんに先手を打たれた格好になってしまいました。「いいんです。私が死んだら、この子が勝手にやればいいいんですから。私は生きている間だけ面倒を見ればいいいんでしょう。この子は仏さんから預かった子供なんですから」と。

私もそう教えようと思っていましたから、偉いお母さんだと思いました。

そうなんですね。仏さんの子供を預かっているんだと思えばいいのです。自分のこの体だって、仏さんからの預かりものなんです。

——先生がインドに学校をつくろうと思って貯めていたお金も、仏さんからの預かりものだという考え方と同じですね。

ひろ　オレの子供じゃない、オレのお金じゃないんだ、というのが宗教独特の発想です。

昔の村落共同体について柳田国男が書いていますが、北国のある村では白痴を大事にしたそうです。柳田国男がそう書いているので〝白痴〟という言葉をそのまま使いましたが、そういう村があったといいます。村人たちは、「この子はいまは手を焼かせるけれども、来世はきっと鯨になって生まれ変わってくる」と信じて、その子をみんなで育てたというのです。

半農半漁で生きている村人たちにとって湾に迷い込んでくる鯨は大変な現金収入になります。だから、いずれ村に福をもたらしてくれる子だと信じて、知的障害児の面倒を見ていたわけですね。

背後にあるのは、子供というのはみな仏さまからの預かりものだ、神さまからの預かりものだ、という認識です。親だけが預かったのではなく、親は仮の預かり主にすぎない、という考え方です。この子は知的障害があるから親がひとりで面倒を見るのは大変だ。だからみんなで預かってやろうじゃないか、というわけです。こうした考え方は、先に「やまと教」（神道）について言った「共生《ともいき》」とも通じる生き方です。

ついでに言っておけば、「赤ちゃんポスト」が話題になったとき、「『赤ちゃんポスト』なんてケシカラン。捨て子を助長するようなものじゃないか」と言った人もいましたが、私はそういう意見に反対です。じつは私は、ずいぶん前から「赤ちゃんポスト」を提案していたからです。

どうにもこうにも子供を育てられない親だっているわけです。だったら、そういう親は子供を捨てればいい。

——子供を育てる人もいるということですか？

ひろ そうです。昔はお寺がその機能をもっていました。だから子育てのできない親は寺の門前に赤ちゃんを捨てたのです。キリスト教の国でも、捨て子は教会の前に置き去りにしていたようです。すると、教会がその子の面倒を見た。

ところがいまのお寺は葬式ばかりやっていて、「赤ちゃんポスト」ひとつ、つくれない。坊さんまで「世間の物差し」しかもっていないから、そうなってしまうわけです。仏教者は、「世間の物差し」とは別の「仏の物差し」をもたなければいけません。

世間の物差し、仏の物差し

――先ほどの「PR型の論理」と同じように、「仏の物差し」は「世間の物差し」とは違った目盛りをもっているわけですね。

ひろ　いや、「仏の物差し」に目盛りはありません。

私たちはふだん「世間の物差し」を使っています。それは人間の物差しであり、損得の物差しである。損はしたくない、得をしたい。勉強のできる子はいい子で、できない子は悪い子だ。若者は美しいが、年寄りは醜い。これが世間の物差しです。

そうした世間の物差しはゴム紐《ひも》の物差しなのです。たとえば、あいつはこんなに悪いなどといって、他人の欠点を測るときは目盛りを思いっ切り伸ばし、自分の欠点を測るときは逆に目盛りを縮めて小さく見せる。そして、自分の美点については思い切ってゴム紐を伸ばすくせに、他人の美点を測るときは縮める。そんなふうに伸び縮みするゴム紐のような物差し、それが世間の物差しです。

先ほどお話しした母親も、自分がまだ若いうちは「お祖母ちゃんのことより子供の宿題が大事だ」と言いながら、自分が年寄りになると、今度は「いたわって欲しい」と言い出す。その時々、自分の都合に合わせて、目盛りが伸び縮みするわけです。価値の尺度が変わってしまう。

それに対して「仏の物差し」とは何かといったら、目盛りのない物差しです。

仏の物差しと聞くと、みなさん、メートル原器《げんき》のようなものを想像して、狂いのない物差しを思い浮かべるようですが、そんなものではありません。伸び縮みしないどころか、目盛り自体がないんです。だから測れないし、測らない。そんな物差しです。「良い子・悪い子・普通の子」といった具合に測らないし、「善人・悪人」「若者・老人」「美・醜」というふうにも測らない。

ということは、先ほど言ったように「何だっていい」のです。

優等生は優等生のまま価値があるし、劣等生は劣等生のままで価値がある。金持ちの価値が無限大であるとすれば、貧乏人の価値だって無限大である。美人も素晴らしいけど、不美人も素晴らしいじゃないか。若者も老人も、みな同じだ。存在それ自体を「素晴らしい」と観《かん》じるのが仏の物差しです。

したがって、仏の物差しは「存在価値」にもとづく物差し、と言うことができます。

この世に存在しているものにはすべて価値がある。極端に言うなら、生きている人もいいが死んでいる人もいい、病人だっていい、ということになります。

それに対して世間の物差しは、「機能価値」です。

役に立つか立たないか、損か得か、美しいか醜いかといった具合に、目盛りだけはどんどん細かくなっていくけれども、そこにあるのは打算だけです。

〝とうとい〟という言葉には、〝貴い〟と〝尊い〟というふたつの漢字があります。

〝貴い〟という文字には、他と比較したうえで立派なもの、という意味がふくまれています。金や銀は、鉄や銅に比べて産出量が少ないから貴重な金属という意味で、「貴金属」といわれます。庶民に比べて家柄がいいからといって「貴族」という言葉もあります。

それに対して〝尊い〟というのは、それ自体で素晴らしいということです。他の何かと比較して「尊い」というわけではない。

一般的には、天皇や総理大臣のほうがホームレスやニートより「貴い」と言われます。それは「世間の物差し」で測っているからであって、「仏の物差し」から見ればあらゆる人間は同じように「尊い」のです。

同様に、仏の物差しも「尊」という立場から物事を見ます。

ところが、いまの世の中は「貴」という世間の物差しだけで何事も測ろうとする。だから私はかつて、「世間の物差しは捨てよ」と提言したことがあります。でも、世捨人《よすてびと》ではないわれわれは、実際にはなかなか世間の物差しを捨てられません。世間の物差しを全部捨ててしまったら会社の経営も何もできなくなってしまうだろうし、サラリーマンが世間の物差しのシンボルである時計を捨ててしまったら会社に遅刻ばかりして、まあ、クビになること請け合いです。

そこでいまは、

「『世間の物差し』のほかにもう一本、『仏の物差し』をもちなさい」

と言うことにしています。

測らない物差しをもつこと。言い換えれば、「何だっていい」という仏の物差しをもつことです。

——そうすると、今度はその使い分けがむずかしくなりますね。

ひろ　それは簡単です。

家庭の中では仏の物差しを使い、社会にあっては世間の物差しを使えばいいんです。政治を見るときは世間の物差しを使う。だけど家の中では仏の物差しを用いる。家の中では何だっていい、ということになります。

すると、どんな生き方をしてもいいということになります。したがって、どんな死に方をしたっていい。前に私は、がんになったらオタオタするかもしれない、「痛い、痛い」と騒ぐかもしれないと言いましたが、何だっていいんです。

私は昔から音痴ですが、音痴は音痴でいいと思っています。音痴というのは、仏さまが私を音痴にしてくださったから音痴なんです。仏さまがわざわざ「おまえは音痴になれ」と言ってくださったのだから、歌が上手になる必要なんてないわけです。第一、音痴がうまく歌えるようになったら音痴ではなくなってしまいます。だから、うまくなっちゃダメなんです。

いったんそう思い定めると、昔はあれほど嫌いだったカラオケが最近は好きになりました。音痴が歌を歌ったっていいじゃないか、と考えるようになったからです。もっとも、聞かされるほうは迷惑でしょうね。でも、それは私の知ったことじゃない。

音痴がより音痴になるのが私の個性なんだと思って、最近はその「個性」を伸ばそうと思って歌いまくっています。すると不思議なものですね、時おり「先生、お上手になったわね」なんて誉められたりします。その代わり「味がなくなった」とも言われますけれども……。

音痴の人を例にとれば、より音痴になることがその人の個性なのです。

「草いろいろおのおの花の手柄かな」

――生き方、死に方だって同じだということですね。

ひろ　江戸時代の俳人・松尾芭蕉に、こんな句があります。

草いろいろおのおの花の手柄かな

「草の花」というのは秋の季語ですから、菊もある、桔梗《ききょう》もある、女郎花《おみなえし》もある。さまざまな花があります。大輪の花は大輪でいいし、小さな花は小さくていい。雑草は雑草で素晴らしい。みな、それぞれの花がそれぞれに咲いているから美しいのだ、というのが芭蕉の句のこころでしょう。これこそ、まさに仏の物差しです。

私たちはいつも、これは雑草だとか、これは園芸花だといって分けてしまいますが、それはおかしい。そんなのは世間の物差し、人間の物差しにすぎません。

雑草の定義とは何かと思って百科事典を見たら、「人間が管理している土地に生《は》えて、管理している対象に有害な影響を及ぼす草」とありました。公園に生えている名もない草は美観を損ねるということで「雑草」とされる。畑に生えている草も、作物《さくもつ》の栄養分や水分を奪ってしまうから「雑草」扱いだ。ところが、その同じ草が山野に生えていれば「野草」になるわけです。ここからも分かるように、「雑草だ、野草だ」というのは人間の勝手な定義にすぎません。

人は雑草を毛嫌いしますけれども、仏の物差しで見るならば、あらゆる草はそれぞれの価値をもっている。それが芭蕉の句の意味です。

先ほど、存在それ自体を「素晴らしい」と観じるのが仏の物差しだと言いました。美人も素晴らしいし不美人も素晴らしい。若者も素晴らしいけれど老人も素晴らしい、という仏教のこころと、「草いろいろおのおの花の手柄かな」――どの花もみな美しいという芭蕉の句は同じことを言っているのです。さすが芭蕉ですね。

――「ナンバー・ワンになるよりオンリー・ワンになれ」という言葉がありますが、一脈通じるものがあるように思います。

ひろ　鬱の人は鬱のまま生きればいいんです。鬱を治そうとするからおかしくなってしまうのです。

あるカメラマンが鬱になって、医者にかかって鬱病を克服したという話を聞いたことがあります。ところが治ったとたん、写真が売れなくなってしまったというのです。

鬱の人は鬱なりにいい写真を撮っていたわけです。ふつうの人とは違う見方をしていたのだと思います。ところが鬱が治ったら、ありきたりの写真になってしまった。いい写真が撮れなくなってしまった。ちょっとしたアングルの違いなのでしょうが、そういうことも起こるわけです。

ゴッホがあんなに凄《すご》い絵を描けたのも精神病だったからです。だから、あれだけ強烈な色彩を駆使して、個性的な絵が描けたのだと思います。

私たちはすぐ「病気はイヤだ」と思ってしまいますが、病気になったら、その間私たちは病気でいればいいのです。いうまでもなく、病気は治るまでは治りません。だったら治るまでの間は病人でいればいい。ところが誰もが病気の間を空白にしたがります。それはおかしい。病人でいる間は病人として生きればいいのです。

囲碁《いご》の藤沢秀行名誉棋聖は首のリンパがんで入院中、毎日、将棋の勉強を楽しんでいたという話を聞いたことがあります。もちろん放射線治療などをして痛みはあったようですが、でも痛みは痛みとして、入院生活を充実させていたといいます。

病気とは、焦《あせ》らずにじっくり付き合うこと。そして病気から治ったら、また健康に生きればいいのです。ただし、治ったといっても、人間はみな老いていくし老化していくわけですから、一〇〇パーセント元に戻ることはありません。そうであれば、

「あるがままに生きよ」

というのが私の考えですが、もちろん、仏教の教えでもあります。

人間関係は「信頼関係」

――では、どうすれば「あるがままに生きる」という境地に達することができるのでしょうか?

ひろ　私はよく、「どうしたら信仰心をもつことができますか」とか、「どうしたら宗教を信じられるようになりますか」という質問を受けます。でも、これぐらい馬鹿げた質問はありません。というのも、「宗教を信じる」というのは、「誰かが誰かを信じる」という人間関係とは全

然次元が違う話だからです。

人間関係においては、たとえばAさんがBさんを信じるわけです。人間として「オレがおまえを信じる」という関係です。

そこで思い出すのは、ある外国人の言った言葉です。「きょう、私はおかしな言葉を聞きましたよ。ある人が、『あんなに信じていたのに裏切られてショックだ』と言っていたのです。平気で馬鹿げたことを言う人がいるもんですネ」と。一瞬わけが分からなかったので、どこがおかしいのかと聞いたら、「人を裏切るような、そんな人を信じたご当人が馬鹿なんじゃないですか」というわけです。「人を裏切るような人間を信じた自分が馬鹿だったと告白しているようなものですよ」と。

言われてみると、彼の言うとおりです。人を裏切るようなそんな相手を信じたその人が馬鹿なんです。日本人はよく「あいつに裏切られた」と言って怒るけれど、人を見る目がなかったその人が悪いのです。

人類の歴史を見ても裏切りばかりです。戦国時代など、子供が親を裏切り、親が子供を裏切っている。最近のお坊さんは、「親が子供を殺す。子供が親を殺す。イヤな時代になりました」なんて言うけれど、そんなことは昔からありました。人間同士、裏切るのは当たり前というのが利益に弱い人間関係の鉄則です。

時々、「社員を信じています」と公言する社長を見かけますが、宗教の失われた現代にあっては裏切られる恐れは十分にあるわけですから、社員を軽々に信じるものではありません。あるいは、「あいつはオレが面倒を見てやった」とか「あいつはオレの子飼いだ」という文句を耳にすることがありますが、そんな自慢は人間関係にとって何の意味もないことを知るべきです。いつ足もとをすくわれるかわかりません。「チーママが独立した」などといってプリプリ怒っている銀座のママもよく見かけますが、これも考えが甘すぎる。店を構えたがっているチーママであれば、密《ひそ》かに独立策を練っているに決まっているじゃないですか。

ところが日本人は簡単に「あの人はいい人だ」と判断してしまいます。ゴマを摺《す》られると、すぐに騙《だま》されてしまう。ナポレオンも、「皇帝はお世辞やお追従《ついしょう》が大嫌いなご性格で……」と言われて喜んだという逸話がありますが、「お世辞やお追従が大嫌い」というのがお世辞やお追従であるということを知らなくてはいけません。

昨日今日《きのうきょう》に会ったばかりの人をすぐに信用するのではなく、十年ぐらいは判断停止にしておいたほうがいいと、私は思っています。

私の知人に食べ物関係の仕事をしている人がいますが、彼も「ほんとうにうまいと感じるには時間が必要だ」と言っていました。たとえば、うどんを食べてから心斎橋あたりをのんびり歩く。すると二十分ぐらいたってから、「ああ、さっきのうどんはうまかったなあ」と思えてくるというのです。食べて二十分くらたってからジワーッとくる。それがほんとうのうまさなんだというのが彼の意見です。いい言葉だなと思います。ところがいまの人は、テレビを見ていても、食べるとすぐ「あ、おいし〜い」とか「すっごく、おいしい」と言う。ほんとうのうまさをわかっていないのです。

——人間関係もそれと同じだというわけですね。

ひろ　中国人は「老朋友《ラオポンユウ》」という言葉を使います。これは、どんなことがあっても裏切らない友、という意味です。

そんな関係が昨日今日にできるはずがありません。何年も何十年も付き合って初めて、あの人は信じられる人間だ、老朋友だ、と言えるものです。

インド人もアラブの人たちも同じような考え方をします。彼らの話を聞いていると、誰もが「私たちは友だちになりたいんです」と言います。そう思って付き合おうとしています。だから、日本の商社マンがアラブ諸国へ行って、「商取引をしたい」とか「契約をしたい」と申し入れると、やっぱり、「取引の前にまずお友だちになりましょう」と言われるそうです。そんな言葉を耳にすると、日本人は、「彼らはワイロを寄こせと言っているんだろう」とか、「何か手土産をくれという意味だろう」と勝手に判断して、高級なプレゼントをもっていく。ところが彼らはそんなことはちっとも期待していないんですね。ただ単に友だちになりたい、じっくりお付き合いしましょう、と言っているにすぎません。日本人はそこを誤解して、「言われたとおりプレゼントを贈ったのだから早く契約を結んで欲しい」と言います。そう言われれば、彼らだって契約はすぐ結んでくれます。でも、気に入らなければ、すぐ裏切ります。契約なんか、都合が悪くなればすぐ破棄してしまいます。損害賠償をすればいいんだろう、と考えているからです。すると日本人は、「裏切られた」といって怒り出すわけです。

しかし中国人もインド人も、老朋友になったら絶対に相手を裏切りません。友が不利になるようなことは絶対にしない。老朋友のためであれば、原価を割ってでも奉仕する。したがって、老朋友の仲になったら、何も文書など交わす必要はありません。口約束一本で十分です。

日本人はそこが分かっていない。人間同士、じっくり付き合うということを知らないのです。

宗教は「信じさせてもらうこと」

――人間関係は信頼関係であるということは分かりました。では、それとは次元が違うといわれる「宗教を信じる」というのは……？

ひろ　長年の付き合いの中で醸《かも》し出《だ》されるのが友情であり、信頼関係である。これが人間関係の基本だとすれば、宗教の基本は、

「信じさせてもらうこと」

宗教における「信」というのは、人と人との関係ではないからです。

あたかも人間関係を語るかのように、「私はどうすれば神や仏を信じられるでしょうか」と聞くのは、まさに自分の判断で信じようとしていることです。それは間違いです。

宗教というものはそんなものではありません。

神であれ仏であれ、絶対者が「私」をして信じさせてくれる、それが宗教です。私が信じるのではなく、信じさせてもらうのです。これが宗教の本質です。

だって、そうでしょう。「自分が仏教やキリスト教を信じる」と言ったら、上司が部下を信

じてやるのと同じ意味になってしまいます。一般的に言えば「信じる」ほうが上で、「信じられる」ほうが下です。そうすると、「私は仏を信じる」といった場合、自分のほうが仏さんより偉くなってしまうではありませんか。

仮に、「信じる」ことが条件になって「救い」が与えられるとします。そのとき、信じるか信じないかは、人間の自由です。ところが神や仏のほうは、人間から「信じ」られたら必ず「救い」を与えなければならなくなってしまいます。神や仏には他に選択肢がなくなってしまうではありませんか。それでは神や仏が人間の意思に従属する存在になってしまいます。

したがって宗教というものは、仏さまや神さまのはたらきかけが「私」をして仏や神を信じさせてくれるものなのです。第一章で使った言葉で言えば、それが「縁」です。

その意味で、仏教というのは、

「自覚宗教」である

と言うことができます。

自分が仏教者、仏教徒であると自覚したとき、われわれは仏教者、仏教徒になれるのです。

そのとき、仏教を生活原理、生活の指針とするようになるのです。

――多くの日本人はとてもそこまでいっていません。

ひろ　残念ながら日本では、自分が仏教徒であることを自覚するのはお葬式のときだけかもしれません。でも、ミャンマー（旧ビルマ）やスリランカの人たちは現在も自分たちが仏教徒、仏教者であることを自覚しながら生きています。言い換えれば、信仰に包まれて生きています。そうやって信仰に包まれて暮らしていると、仏さまや神さまが見えることがあるといいます。

――神や仏が実際、目に見えるということですか？

ひろ　伝統的な仏教もキリスト教もそうですが、釈迦やイエス・キリストの姿に見《まみ》えることが本筋です。

『法華経』には、こうあります。

衆生《しゅじょう》、既に信伏し、質直《すなお》にして、意柔軟《こころなよらか》となり、一心に仏を見たてまつらんと欲して、自ら身命《しんみょう》を惜《お》しまざれば、時にわれ及び衆僧《しゅそう》は、ともに霊鷲山《りょうじゅせん》に出ずるなり。

（「如来寿量品《にょらいじゅりょうぼん》」）

お釈迦さんは、「あなたがたの心が正しく穏やかで愛欲をはなれたとき、私は弟子たちとともに、ここ霊鷲山に出現する」と言われたのです。しかし心が濁っているときは見えません。その意味では、私はまだお釈迦さんに会っていません。でも、真の宗教者が心から「お釈迦さんに会いたい、会いたい」と渇仰《かつごう》していれば、お釈迦さんの姿が見えることがあるのだと思います。見えた人は幸せだと思います。

――見えた人もいるわけですね。

ひろ　京都の南禅寺のそばに永観堂《えいかんどう》というお寺があります。ここは西山浄土宗《せいざんじょうどしゅう》の一派ですが、永観律師《ようかんりっし》が開かれたものです。

永観律師は奈良の東大寺で修行しているとき阿弥陀仏の仏像に惚《ほ》れ込んで、いつもそこで念仏を唱えていたといいます。そして京都に帰ることになったとき、阿弥陀さんが「永観、おまえが京都に帰るなら、私もいっしょに行く」と言われます。そこで仏像を背負って帰ろうとした。すると東大寺の僧たちが怒って、仏像を奪い返しにきた。永観律師は「持ち帰るならどうぞお持ち帰りなさい」と言いました。「阿弥陀さんが私に付いてきたいというから背負ってきただけですから、持ち帰りたいなら、どうぞ」と答えました。ところが東大寺の僧たちが阿弥陀像を持ち上げようとしたけれど、重くて、どうやっても持ち上がらない。そこで諦《あきら》めたので、阿弥陀像を京都に持ち帰って開いたのが永観堂だ、という由来があります。

永観堂では毎年二月十四～十五日に念仏行道会《ねんぶつぎょうどうえ》を行います。信者たちが夜通し阿弥陀像の前でお念仏を唱える法会《ほうえ》です。私も二度ほど行ったことがありますが、阿弥陀仏は「見返りの阿弥陀像」といわれて、ちょっと後ろを振り返るような姿をしています。

それにはこんな挿話があります。——永観律師が念仏行道をやっているとき、ふと気がつくと、阿弥陀さんが前を歩いておられた。つまり、永観律師は阿弥陀さんに見《まみ》えたわけです。その阿弥陀さんはふっと足を止めて後ろを振り返ると、「永観、遅いぞ」と言ったそうです。そのときに見た阿弥陀さんの姿を刻んだのが、いま永観堂にある仏像だというのですが、こんなふうに念仏の行道をやっていると、釈迦や阿弥陀仏の姿が見えることがあるわけですね。

見えなくても信仰はできる

——先生は見えた経験がありますか？

ひろ　ありません。

でも、私は法然上人に教わっているから見えなくてもいいのです。

――どういう意味でしょうか？

ひろ　法然上人には、亡くなる直前に書かれた「一枚起請文《いちまいきしょうもん》」という文章があります。その冒頭に、こうあります。

……もろもろの智者たちの、沙汰申さるる観念の念にもあらず。また学問をして、念のこころを悟りて申す念仏にもあらず。

そもそも「念仏」というのは、阿弥陀仏の姿を思い浮かべることです。天台宗ではそれを「念」とも呼んでいます。この「一枚起請文」にある「観念」というのも「念」と同じで、阿弥陀さんの姿を思い浮かべることとです。

しかし私たち凡夫《ぼんぷ》にはそれがなかなかできません。とても「観念」することができない。そこで法然上人は「口称《くしょう》念仏」に変えたのです。この「口称念仏」とは何かと言えば、阿弥陀さんの姿を思い浮かべられなくてもいい、ただ「南無阿弥陀仏」と口で称えるだけでいいんだよ、ということです。

「観念の念にも非ず」とは、本来の「観念」ではないけれども、それでもいいんだよ、という意味です。だから浄土宗の信者である私には、阿弥陀さんの姿が見えなくてもいいんです。法然上人がそう言っておられるからです。

しかし本来的に言えば、「観念」、つまり阿弥陀さんの姿をありありと思い浮かべるのが仏教の本筋です。

ヒンドゥー教もそうです。数珠《じゅず》には珠が百八ありますが、これはヒンドゥー教からきたものです。

――百八の煩悩を意味しているわけですね。

ひろ　いや、そうじゃない。百八の煩悩《ぼんのう》ではありません。

数珠はヒンディー語で「ジャパマーラー」と言いますが、数をかぞえる計算器というほどの意味です。シヴァ神の名前をひとつひとつ唱えていくとき、自分が何回唱えたか、数えるときに使う道具です。

その数珠の珠がなぜ百八つかと言えば、シヴァ神には百八の異名があるからです。「黒き者」

とか「虎の皮を着けた者」とか、そういう名前（属性）が百八ある。それをひとつひとつ唱えながらシヴァ神の像を頭に浮かべるわけです。そうするとシヴァ神と一体化できる。それが信仰の極致ですね。百八という数字はそこから出てきたものです。

インドでは「多数」という意味で「百八」という言い方をすることもあるようですが、この場合は、シヴァ神の異名の数からきています。それが仏教では「煩悩」に転化されたのです。

要するに、仏教であれヒンドゥー教であれ、お唱えする目的は神さまの像をありありと思い浮かべることにあります。それが宗教本来の姿です。宗教のプロであれば、そういう芸当もできるかもしれませんが、私たちにはとてもできません。そこで先ほども言ったように法然上人が、「仏の姿を観念する（思い浮かべる）ことができなくてもかまわない。南無阿弥陀仏と、口で称えるだけでいいんだよ」と言ってくれたわけです。これなら誰にでもできます。

真言宗のほうでは、覚鑁《かくばん》上人という人が同じようなことを書いています。

昔は「身口意《しんくい》の三密」といって、「体」で仏さんとドッキングし、それから「口」つまり言葉でもって仏さんの言葉を語り、さらに「意」ですからこころで仏さんといっしょになるんだと言われていました。覚鑁上人は「三つが無理だったらひとつでもいいよ」と言って、言葉だけでもいいよと簡略化しています。

仏を観じるというのは、ほんとうにむずかしいことなのです。
平安貴族など大変でした。「三千仏《さんぜんぶつ》」といって、仏さまが三千体もありましたから、その名前を全部唱えなければならなかった。ひとつでも唱え方を間違えると、間違えられた仏さまが怒り出しますから、三千の名前をすべて正確に唱えないといけなかった。
その平安貴族たちは毎年、年末に仏名会《ぶつみょうえ》を行っていました。一年間に自分がやった悪いこと、間違った行いなどを仏さんにお詫びする法会です。正直に悪事の告白をして仏さまに許してもらうわけですが、三千の仏さま全員に許してもらわないといけなかった。これはもうアマチュアではできません。そこでプロの坊さんに「わが家の仏名会に来てください」と頼み込んだわけです。だからお坊さんも十二月は忙しくなって走り出した。これが「師走《しわす》」の由来です。

――キリスト教の礼拝にも似たようなところがありますか?

ひろ　ラテン語でいう「Imitatio Christi《イミタチオ・クリスティ》」、つまり「キリストに倣《なら》いて」という言葉があるように、イエス・キリストをありありと思い描く。そうすることによって初めてキリストとドッキングできる。恋人の姿をひとつひとつ思い浮かべるのが愛のあり方だとすれば、宗教もまったく同じようにイエス・キリストの姿をありありと思い浮かべる。それがキリスト教です。

そういう意味で、仏を信じるというのは、仏の姿をありありと思い浮かべられるようになることでした。それを、「仏が見えなくてもいいんだよ」と簡便にしてくれたのが法然上人や覚鑁上人です。

私も、それでいいんだと思います。けっして仏が見えなくてはいけないということではない。見えなくてもいい、会わなくてもいい。ただし、仏に会った人がいる、仏を見た人がいる、ということだけは覚えておいて欲しいと思います。

といっても、見えた人のほうが上で、見えない人が劣っている、という意味ではありません。見えても見えなくても、仏に信じさせてもらえることが大切だ。ここがポイントです。

――でも、「見えた」と言ったほうがカッコいいですね。

ひろ　世間の人がカッコいいと思うのが宗教の本質ではありません。そんなことはどうでもいいことです。第一、仏が見えないと信仰にならないかといったら、そんなことはない。でも見えたほうがいいんじゃないかといったら、それもまた違う。

「どうだっていい。こだわるな」

仏教はこのポイントさえ摑《つか》めていればいいのです。

第四章

親鸞・道元・日蓮・法然・キリストの生き方

自力と他力

――「仏や神が信じさせてくれる」という考え方は、ちょっと「他力」に近いように思います。一方、仏教には「自力」という考え方もあります。そのあたりの区別について教えてください。

ひろ 自力と他力については、いつも「ネコの比喩」と「サルの比喩」を使ってお話ししています。中世のヒンドゥー教で「神の恩寵《おんちょう》」をめぐって神学論争が起こったとき、北方のヒンドゥー教徒と南方のヒンドゥー教徒が用いた譬《たと》え話《ばなし》に由来しています。北方のヒンドゥー教徒は「サルの比喩」を使い、南方のヒンドゥー教徒は「ネコの比喩」を用いました。

外敵に襲われたとき子ザルは母親にしがみつきます。すると母親はお腹に子供を抱いてパッと逃げる。神の恩寵によって救われるにしても、しがみつくという努力が必要だ、と考えるのが北方のヒンドゥー教徒です。

それに対して南方のヒンドゥー教徒は、ネコの例をもち出してきました。ネコの場合、危険が迫ったらどうするかというと、母親が子ネコの首をくわえて運んで行きます。子ネコはしがみつく努力もしない。何もしません。

仏教でいう「自力」と「他力」の違いについても、これと同じことが言えます。

両方とも仏の力によって救われることには変わりありません。しかし、親ザルにしがみつく努力が必要だと考えるか（自力）、それとも子ネコのように母親任せでいいと考えるか（他力）。自力か他力かというのは、その差です。

――そこで、「自力」の代表は禅宗の道元であり、「他力」を代表するのは浄土真宗の親鸞と考えていいでしょうか。

ひろ　いいと思います。

芥川龍之介の有名な作品に「蜘蛛《くも》の糸」という話があります。

お釈迦さまが極楽の池の畔《ほとり》を散策していた。すると、地獄の底で犍陀多《カンダタ》が苦しんでいる。犍陀多は悪人だけれど、その生涯を振り返ったとき、たったひとつだけいいことをした。蜘蛛を踏みつぶそうとしたとき、蜘蛛にも命があるんだといって助けてやったことです。そこでお釈迦さまは極楽の蓮《はす》の上にいた蜘蛛の糸を取り出して、地獄にいる犍陀多に下ろしてやった。犍陀多は「しめた。これをのぼっていけば極楽へ往けるぞ」と思ってのぼっていった。ところが、途中で疲れたのでちょっと休んでふと下を見ると、地獄の亡者《もうじゃ》どもが蜘蛛の糸を伝わって大勢のぼってくる。そんなことをしたら蜘蛛の糸が切れてしまう。犍陀多は思わず、「オレひとりでも切れそうな細い糸なのだから、おまえら下りろ！」と叫んだ。そのとたんに糸がプツリと切れて犍陀多はまた地獄に舞い戻ってしまった、という話です。

幼稚園の先生からこんなことを聞いたことがあります。「子供たちに犍陀多の話をしてやったら、みんな、『犍陀多は悪くない。犍陀多が可哀そうだ』と言うんです。ちょっと意外でしたね」と。子供たちの言い分はこうだったそうです。「だって、お釈迦さんがせっかく犍陀多を救ってやろうとしたのに、みんなが後からのぼってくるから糸が切れちゃったんでしょう……。それじゃあ犍陀多が可哀そうだよ。みんなのほうが悪いに決まってるじゃない」。

面白い解釈があるものだと思ったので、私は「蜘蛛の糸」を使って、自力と他力ということを考えてみたことがあります。

どうでしょう、親鸞だったら蜘蛛の糸をのぼったでしょうか。

親鸞と道元

――「のぼる」という行為は自力ですから、当然、のぼらないと思います。

ひろ　私もそう思います。

親鸞聖人であれば、「お釈迦さま、ありがとうございます。私を救ってやろうと糸を垂らしてくださいましたけれども、私は犍陀多と同じ煩悩をもつ人間ですから、途中で『おまえら、下りろ！』と、思わず叫んでしまうかもしれません。そんな私が極楽にのぼれるわけがありません。私は阿弥陀さんの救いをお待ちします」と、きっとそう言ったと思います。

親鸞だったらそう言うだろうなと考えたとき、ひょっとすると芥川は天才かもしれないぞ、と思いました。

極楽浄土の仏さまは、ほんとうは「阿弥陀仏」なのに、芥川は「釈迦」を登場させています。最初は、芥川はあまり仏教のことを知らないからだなと思っていたわけですが、ところが阿弥陀仏を大事にする親鸞の場合、その蜘蛛の糸が阿弥陀さんの垂らしたものだったら断われない。「のぼらない」はずの親鸞ものぼらざるをえなくなってしまう。芥川はそこまで計算して、阿弥陀さんをお釈迦さんに替えたのかと、ちょっと感心したわけですが……これはまあ、買いかぶりかもしれません。

それはともかく、親鸞はのぼらなかったと思います。「地獄であれば地獄に生きます」と言ったはずです。「極楽に行かなくてもかまいません。私はここで生きます」と。するとそのとたん、あたりは光まばゆい極楽に変わっていた。

これが親鸞の考え方だと思います。

――道元だったら「自力」でのぼりますか？

ひろ　道元はのぼるはずです。でも、犍陀多とはまったく違うのぼり方をするでしょうね。道元禅師の『正法眼蔵《しょうぼうげんぞう》』にはこういう言葉があります。

ただわが身をも心をもはなちわすれて、仏のいへになげいれて、仏のかたよりおこなはれて、これにしたがひもてゆくとき、ちからもいれず、こころもつひやさずして、生死《しょうじ》をはなれ、仏となる。

つまり、道元禅師はのぼるけれども、のぼるとき「わが身をも心をもはなち忘れて」しまう。自分を「仏の家に投げ入れ」ているから、自分自身を忘れてしまうわけですね。

ここでいう「仏の家」というのはどこかといえば、蜘蛛の糸そのものです。のぼっている、いまこの一瞬の蜘蛛の糸、これが仏の家だ。

道元禅師はここが「仏の家」だと思ってのぼっていく。したがって、目的地などありません。極楽に行くためにのぼっているわけではないからです。

そんなふうに、目的地がないとすれば、「極楽はどこか。あとどれくらいのぼればいいか」と考えて、上を見ることもなければ下を見ることもない。だから亡者どもが自分の後からのぼってきても気づかない。したがって、彼らに向かって「おまえら、下りろ！」と叫ぶこともないわけです。

日蓮と法然

——ついでに、日蓮だったらどうなりますか？

ひろ　日蓮宗の人たちにこの問題を出したことがあります。そうしたら、みな、「分からない」と言う。これに答えられないで日蓮宗の信者と言えるか、と言ってやったことがありますが、私は、日蓮上人はのぼらないと思います。

日蓮上人というのはじつは非常に優しい人なんですね。最初は政治を変えようとして、辻説《つじせつ》法《ぽう》をして国を諫《いさ》めたり批判したりしていますけど、最後は身延《みのぶ》（山梨県）に隠棲《いんせい》して、信者に書簡ばかり書いて暮らしています。もう過激な行動はしなくなっていた。

鎌倉の御家人《ごけにん》であった四条金吾《しじょうきんご》に与えた手紙では、「私が死罪になるときは、殿もいっしょに死んでくれると言った。そなたのあの言葉は非常にうれしかった。だから、もしもそなたが苦しんで地獄に落ちるようなことがあれば、私もいっしょに地獄に落ちましょう」と、そういう意味のことを書き送っています。

何を言いたいかというと——日蓮のように、師が弟子といっしょに地獄へ行きましょうというのはとても珍しい話なのです。

たとえば親鸞は、「たとい、法然上人にすかされまひらせて、念仏して地獄におちたりとも、さらに後悔すべからずさふらふ」(『歎異抄《たんにしょう》』)と言っています。たとえ地獄に落ちるにしても、先生(法然)といっしょだったらかまいませんと、弟子が言うのは分かります。

ところが日蓮上人は弟子の四条金吾に向かって、「あなたが地獄に落ちるなら私もいっしょに地獄に落ちましょう」と言った。ということは、日蓮上人は地獄にも法華経があると考えていたのだと思います。

そうだとすれば、日蓮上人は蜘蛛の糸をのぼらないはずです。

ドイツ語でいうなら、日蓮上人は「Mitleiden《ミットライデン》」の人でした。これは英語の「compassion《コンパッション》」と同じく、「共に苦しむ」という意味です。「同情」という訳語もありますけど、「ライデン」は苦しみですから「いっしょに苦しむ」というのが原義です。私は「同苦」と訳しています。

同苦の人・日蓮は、たとえ地獄にあろうとも、いつも民衆と視線を合わせようとしたのではないでしょうか。地獄にあっても民衆といっしょに苦しもうとした人だった。したがって上を見ようとすることがない。当然、蜘蛛の糸が下りてきても気がつかないから、のぼらないと思います。

私の解釈ではそうなります。

――では、法然上人は？

ひろ　法然上人であれば、自分の体に蜘蛛の糸をぐるぐる巻きつけて、それをチョンチョンと引っ張ってから、「さあ、阿弥陀さん、蜘蛛の糸を巻きつけましたよ。どうか引っ張ってください」と言うと思います。

法然上人は、極楽にいるのがお釈迦さんでも阿弥陀さんでもこだわらなかったと思いますから、「阿弥陀さん、さあ、引っ張ってください」と言う。すると、阿弥陀さんがウィンチで引っ張り上げてくれる。だから、のぼるといえばのぼるけれども、のぼらないといえばのぼらない。まさに「他力」そのものです。

この話をすると必ず、「法然がいちばんズルイ」と言い出す人がいます。「自分ひとりだけ救われて、それでいいんですか」と言う。そこで私は、何を馬鹿なことを言っているんだと言ってやります。蜘蛛の糸は一本だと思うのか、と。

阿弥陀さんは何万本、何億本もの糸を垂らしているんです。誰にも自分用の蜘蛛の糸があるのです。だから、みんなが自分用の糸を体に巻きつければいい。阿弥陀さんの蜘蛛の糸が一本だと思うのが間違いだ、と。

ここが浄土宗の本質です。

宗教というのはつまり、それぞれの人の救いであって、他人がどうしようと勝手なのです。その意味ではエゴイズムです。おのれの救いさえ考えればいい。他の人は他の人で救われる。

そうすると、生き方だって死に方だって、

「どうだっていい。こだわるな」

ということになるのです。

阿弥陀さんは測らない

――お話をうかがうにつけ、先生は「仏教原理主義者」なのではないかと思うのですが、いかがでしょう。

ひろ　もちろん、私は仏教原理主義者です。宗教が原理主義でなくなったらもうお終《しま》いじゃないですか。

原理主義の反対語は何だと思いますか。

――ご都合主義……でしょうか。

ひろ　そうです。ご都合主義です。ご都合主義になったらお終いです。ところがいまの宗教は、何から何までご都合主義になっている。宗教だけでなく、政治もご都合主義に蝕《むしば》まれ、政治家の都合、政党の都合、金儲けの都合……そういう都合だけで行われている。だから日本という国が狂ってしまったのです。

ただし、原理主義者イコール過激派ではありませんよ。日本では原理主義者というとテロリストに間違えられるわけですが、そう思うほうがむしろおかしい。宗教が原理を外《はず》してしまったらもう宗教ではなくなってしまうからです。

――分かりやすく言うと「仏教原理主義」とはどういうものでしょうか？

ひろ　仏教原理主義の根本は、「仏にすべてお任せすること」です。

たとえば、「南無阿弥陀仏《なむあみだぶつ》」と言います。あるいは、日蓮宗であれば「南無妙法蓮華経《なむみょうほうれんげきょう》」と唱えます。

この「南無」とはどういうことかと言えば、「お任せします」という意味です。「帰依します」ということです。

もともとはサンスクリット語の〝ナマス〟という言葉からきています。現代のヒンドゥー語でもインド人は挨拶するとき、両手を合わせてしっかり相手を拝みながら、「ナマス・テー」と言いますが、その「ナマス」です。「私は尊敬します」という意味です。〝テー〟は「あなた」ですから、〝ナマス・テー〟は「あなたを尊敬します（あなたに帰依します）」という挨拶になります。この「ナマス」が「ナモウ」と訛《なま》って、さらにそれを漢字で書きあらわしたものが「南無」なのです。

そこで、阿弥陀仏にすべてお任せするのが「南無阿弥陀仏」、法華経の教えにすべてお任せしますというのが「南無妙法蓮華経」。そんなふうに阿弥陀仏や法華経にすべてをお任せしてしまうわけですから、クヨクヨ考えない。それが仏教のポイントになります。

阿弥陀仏というのは非常に象徴的な仏さんだと思います。というのも、〝阿弥陀〟をサンスクリット語で言うと〝アミタ〟（「無限」という意味）になりますが、では〝アミタ〟とは何かと言ったら、〝ア〟は英語で言えば〝ｎｏｔ〟です。否定形です。そして〝ミタ〟いうのは「測る」という意味ですから、つまり〝アミタ〟というのは「測れない」という意味になります。

もっとも私は、「測れない」ではなく「測らない」と、積極的に読むべきだと考えていますけれども、それが〝アミタ〟、すなわち阿弥陀です。

前にも言いましたように、世間の人は「世間の物差し」を使って何事も測ります。良い・悪い、高い・安い、得か・損か、美か・醜か……と、つねに測っています。どちらがいいか悪いかと、分けて考えようとする。そういうものを仏教は「分別智《ふんべつち》」と呼んでいます。

そうした分別から何が出てくるかといえば、こだわりです。オレの給料はあいつに比べて少ないとか、マンションを買うか借りるかとか、物事にこだわることになります。すると、問題は少しも解決できないまま、迷いだけが残ります。ふたつの道を前にすると、どっちがいいかどっちが得かと、迷いに迷う。でも、つねに岐路《きろ》に立たされているのが人生なのですから、いくら迷っても最終的には解決できっこない。結婚しようかどうしようか、会社を辞めようか残ろうか……どっちがいいだろうかと、誰かに相談したって決定的な答えが出るわけがありません。

だから、仏さんに任せてしまうわけです。「南無阿弥陀仏」といって阿弥陀さんにお任せする。「南無妙法蓮華経」といって法華経の教えに任せてしまう。自分では「測らない」。

これが仏教の教える、

「無分別」

分別するな、という教えです。

「分別するな」という教え

――人間の賢《さか》しらで判断してはダメだ、ということですね。

ひろ　インドの民話にはこんな話があります。

三人の泥棒が捕まった。その国には、泥棒はみな死刑にするという掟《おきて》がありましたが、何を思ったのか、王さまはひとりの女を呼んで、「三人のうち誰かひとり、おまえの選ぶ男を釈放してやろう」と言います。じつはその三人の泥棒のうち、ひとりは女の夫であり、ひとりは息子、もうひとりは弟でした。「このうちの誰を選ぶか」と聞かれた女は、「それでしたら、どうか弟を釈放してやってください」と答えたといいます。王さまもちょっとびっくりして、「ふつうであれば夫か息子であろう。なぜ弟なんだ」と聞くと、「夫が死刑になっても、いずれ代わりは見つかります。子供も、再婚すればまたつくることができます。でも、私の両親はすでに亡くなっていますので、弟だけは代わりがいません。だから弟を助けてやってください」という返事でした。それを聞いた王さまは、「面白いことを言う。それでは三人とも釈放してやろう」といって三人とも死刑を免れたというのです。

夫も息子も弟も釈放されて、この女はどうなったと思いますか。

――ウ～ム。

ひろ　三人とも釈放されてよかったねと思うでしょう。ところが、この女は地獄に堕《お》ちたはずです。

なぜなら、釈放された夫は言うでしょう。「おまえなあ、おれより弟のほうが大事なんだな。もう離婚だ」と。そして家を追い出されたと思います。息子だって、「お母さんはぼくより叔父さんのほうが大事だったんだ」と言って、親子の絆《きずな》は断ち切られてしまう。では弟が養ってくれるかといえば、「姉さん、そうはいかないよ」と言われて、結局、女はどこにも居場所がなくなってしまう。それは地獄だろうと思います。

この女が発揮したのが分別智なのです。

それに対して、仏教は「アミタ」ということを教えます。いまも言いましたように、「測らない」。つまり、「分別しなさんナ」というわけですね。

仏教の教えに従えば、「三人のうち誰を選ぶか」と聞かれたときは、「私には選べません」と答えるべきなのです。「夫、息子、弟の誰が大事かと言われても、私にとってはみな大事ですから、誰がいちばん大事だと決めるわけにはいきません。ですから、それは王さまにお任せします」と言うべきです。そこで王さまが、「では、三人とも全員死刑だ」と言うのであれば、もう諦めるしか仕方がない。誰ひとり助けられないとしても、自分で選んではいけないのです。

そこまであきらめるのが仏教です。

もっとも、あきらめるといっても、すべてを断念せよという意味ではありませんよ。あきらめるには、「諦《あきら》める」と「明《あき》らめる」という、ふたつの意味があるからです。だから、

①その問題が自分の思うとおりになるか否か、まずそれを明確にする（明らめる）。

②もし、それが自分の思いどおりになることであれば、その実現に向かって努力すればいい。

③しかし、それが思うとおりにならないことであれば、なにも努力する必要はない。努力したって何の意味もないわけですから、そういうときはきっぱり断念する（諦める）。

仏教はそう教えています。

そこで先ほどの話に戻れば、王さまから「三人のうち誰を選ぶか」と聞かれたら、「デタラメの判断」に従ってもいいと思います。

「王さまにすべてお任せします」と言うと、「じゃあ三人とも死刑だ」と言われる恐れがありますから、こう答えるのです。「王さま、私はここにサイコロをもっています。これを転がします。三で割って割り切れたら（「3」か「6」）夫を釈放してやってください。三で割って一が余ったら（「4」か「1」）息子を助けてやってください。三で割って二が余ったら（「5」か「2」）弟を釈放してくださいと言えばいいんです。出た目に従うわけですから、文字どおり「デタラメの判断」です。

私はこれがいちばんいい方法だと思います。これがすなわち無分別（分別しない）、という教えにも通じます。

仏教でないと、なかなかこうはいきません。

分別に従うと、「どの命が大事か」といって一所懸命考えることになります。そうなったらもう仏教ではないし、第一、結論なんか出るはずがありません。そんなものはこだわり、執着《しゅうじゃく》以外の何ものでもない。だから、結局は地獄に堕ちることになってしまいます。

もうひとつ、こんな話もあります。

死後の世界へ行くと、道がふたつに分かれている。一方は地獄へ通じる道、もう一方は極楽へ行く道だという。ところが道しるべが出ていないから、どっちの道を選んだら極楽へ行けるのか分からない。すると、そこに看板があって、「番人がいるから、どちらが極楽へ行く道であるか尋ねなさい」と書いてある。同時に、追記《ついき》があって、「番人は日替わりだから、その日の当番が、地獄から来ている番人か極楽から来ている番人か分からない。地獄からの番人は必ずウソを教え、極楽から来た番人は必ず正直に答えてくれる。ただし、質問は一回だけとする」と記されている。

これは頭の体操の問題でもありますが、仏教の話でもある。さて、番人にはどういう質問をしたらいいのか。

——……。

ひろ　やはり、すべては番人に任せることです。「南無番人《なむばんにん》」です。

つまり、「あなたのお国に行くにはどちらの道を行けばいいでしょうか」と聞けばいいのです。その日の当番が、地獄から来ている番人であればウソつきですから極楽へ行く道を教えるだろうし、極楽から来ている番人は素直に極楽へ行く道を教えてくれる。いずれにしろ極楽へ行けるというわけです。

ともかく、仏さまにお任せすること。これが大切です。

宗教はプロセスを楽しめ

——「お任せすること」というのは、仏教だけでなく、キリスト教その他の宗教でも同じでしょうか？

ひろ　宗教をあれこれ比較検討して選《え》り好《ごの》みをしたら、それはもう宗教ではありません。

時々、馬鹿なことを言うお坊さんやユニテリアンというキリスト教徒がいて、「すべての宗教は登り詰めればみな同じだ」などと言います。登山道は違うけれども、みな同じ頂上に行き着くんだというわけです。「登り詰めれば富士の山」というようなものですよ。

では、キリスト教と仏教、両方を登り詰めた人がいるのかと聞きたい。そんな人は誰もいませんよ。

イエスだってキリスト教は知りません。そもそもイエスはユダヤ教徒で、キリスト教ができたのはイエスが死んだ後ですからね。イエスはユダヤ教徒として生まれ、ユダヤ教徒として死んでいったわけですから、イエスですらキリスト教徒ではない。

仏教を登り詰めた人なんて、お釈迦さましかいません。では、お釈迦さまがキリスト教を知っているかといったら、紀元前の生まれで、やっぱりキリスト教ができる前の人ですから知るはずもない。

そうだとすれば、すべての宗教は同じところに行き着くなんて誰が決めたのか。すべての宗教が同じ頂上に行き着くかどうか、そんなことは誰にも分かりません。

ということは、宗教というのは登って行く過程、つまりプロセスが大事だということになります。

ならば、どういう心構えで登って行くのがいいか。散歩するような境地で登って行くことです。

よく見れば薺《なずな》花咲く垣根かな

という芭蕉の句がありますが、あの姿勢が大切です。散歩しながらのんびりと歩いているから、「ああ、ナズナの花が咲いているな。きれいだな」と、目に入るわけです。ジョギングしていたら、そんな花は目に映りません。

宗教というのも、

「のんびり楽しむこと」

仏教では、それを「中道《ちゅうどう》」と呼んでいます。両極端から離れて、自由な立場を楽しむ。私はそれを、

「いい加減」

とパラフレーズ（言い換え）しています。

いい加減といっても、「中途半端」という意味ではありません。風呂の湯加減でいえば、けっしてぬるま湯という意味ではない。そうではなくて、熱い風呂が好きな人には熱い湯が、ぬ

るいのが好きな人にはぬるい湯が「いい加減」なのです。人それぞれ「いい加減」が違う。だから、自分に合った良い加減の足取りで宗教という山道を楽しみながら登って行けばいいのです。

そして、あまり真面目にやりすぎないこと。これも大事なポイントです。

宗教を信じて真面目にやりすぎると、とんでもない落とし穴に落ちることがあります。宗教というのは楽しむために信仰するものですから、蹴躓《けつまず》いたり穴に落ちるくらいであれば、信仰しないほうがいい。会員獲得とか伝道とか、そんなことばかり言っている宗教がありますが、そんな宗教はやめておけ！　と言いたい。折伏《しゃくぶく》なんていうのは、「私がおいしいと思ったから人にも食べさせてあげたい」というのと同じで、まったく余計なお世話です。

金の教訓・銀の教訓

――キリスト教にはちょっとそういうところがあります。世界各地を伝道して歩いたり、南米へ出かけて行って現地の人にキリスト教を押しつけたり……。

ひろ　私はキリスト教の教えと孔子の教えを、それぞれ「金の教訓」「銀の教訓」と名づけたことがあります。

まず、キリスト教では有名な「山上《さんじょう》の垂訓《すいくん》」でイエスがこう言っています。

何事でも、自分にしてもらいたいことは、ほかの人にもそのようにしなさい。

（「マタイの福音書」）

そしてキリスト教ではこの言葉を「律法」であり、「黄金律《おうごんりつ》」であるとしていますから、これが「金の教訓」です。

それに対して、孔子はこう言っています。

己《おのれ》の欲せざる所、人に施すこと勿《なか》れ。

（『論語』衛霊公篇）

自分がして欲しくないことは他人に対してもするな、ということです。キリスト教の「金の教訓」に対して、これが「銀の教訓」。仏教の教えがこちらに近いことはいうまでもありません。

したがって、縁があった宗教を大事にしながらも、それを他人に押し付けないことが大事です。

第五章

生死問答

キリスト教における「死」

――ところで、現代人は「死」ということから目を逸らしているような気がしてなりません。そのあたりのことについてどうお考えでしょうか。

ひろ　まず、「死」の観念についていえば、ヘブライ文化とアジアの文化、言い換えればキリスト教と仏教では考え方が根本的に違います。

ユダヤ教およびキリスト教を生んだヘブライ人（ユダヤ民族）は砂漠の民です。そして砂漠というのは、簡単にいえば死の世界です。

じつは、砂漠は空気が乾燥しているので細菌やウイルスがない。だから風邪なんかひかないし、植物もまばらに生えていて案外住みよい環境だといいます。しかし、アジアのモンスーン型の豊穣な自然に比べたら、やはり「死の世界」と言っていいでしょう。苛酷な環境であることは間違いありません。

したがってヘブライ文化にあっては、自然はつねに「死」を意味していました。そこで彼らは創造主である神から与えられた「いのち」を守るため、「死」（自然）と闘いながら生きてきました。彼らにとって自然とは克服すべき対象だったのです。

われわれ日本人にとって自然とは、畏敬《いけい》すべき対象であり、また恵みをもたらしてくれる環境であることを考えれば、ユダヤ教およびキリスト教の自然観がわれわれの自然観といかに隔たっているか、よく分かるはずです。

彼らにとっては当然、「老病死」も自然に属します。だから彼らはつねに老病死を克服しようと努めてきた。これがヘブライ人（キリスト教）の基本思想です。

西洋医学は病気と闘い、死と闘う医学であるということができます。西洋人は年をとっても派手な服装をしたり、老婦人などは厚化粧をしたりしていますけれども、あれは「老いなんかに負けるものか。病気なんかに負けてたまるか」という意思表示なのです。

では、人間が老いと闘い、病気と闘い、死と闘って勝てるのか――。

勝てるはずがありません。人間は死ぬ運命にあるわけですから、必ず負けます。最終的には絶対に負ける。それでも彼らは闘うわけです。言い換えれば、彼らは負けを承知で闘っている。

日本人はそこが分かっていません。

西洋医学に学んだ日本の現代医学はいま、病気や死に勝とうとして闘っている。「スパゲッティ症候群」といわれようが何であろうが、体じゅうに何本、何十本という管《くだ》をつないで患者の延命を図ろうとしています。一か月でもいい、一週間でもいい、少しでも死を遅らせようとしている。そうすることが医学の勝利だと考えているわけです。欧米人のように、負けを承知で闘うというメンタリティがないから、いつも勝とうとするわけです。しかし人間は必ず死ぬわけですから、「常勝」という考えは大間違いなのです。

野球だってそうでしょう。ジャイアンツの野球はつねに勝つために闘っています。カネに飽《あ》かしてスター選手を集め、勝ちにこだわる。日本人のメンタリティそのものです。だから、負けることを楽しんでいる私のようなタイガース・ファンの心理が分からないのです。そのあたりが日本のインテリの弱さです。

いまの医療が間違っているのもそこなんです。

仏教における「死」

――先の「世間の物差し」「仏の物差し」のお話同様、仏教的な受け止め方は本来違うというわけですね。

ひろ アジアはモンスーン気候ですから高温多湿です。黙っていても草木は育つ。砂漠とは正反対の風土です。モンスーンの風土にあっては、自然は恵みです。だから自然と闘おうなどとは考えません。

キリスト教文化と違って、老病死とも闘おうとはしない。老病死も自然なのだから、それはみな自分の内側にあると考える。

仏教では、私たち人間はみな、

「死につつある存在」

であると教えます。

人はよく「死にたくない」と言うけれど、われわれ人間は生まれたときから一歩一歩、死に向かって進んでいるのです。一時間たてば一時間分死んでいる。一時間分老いている。それが人間です。

生から死への歩みは不可逆過程《ふかぎゃくかてい》ですから、一方向にしか進んでいきません。戻ることがない。つまりわれわれ人間は、一歩一歩確実に、死（老い）に向かって進んでいるのです。仏教は、老病死とはそういうものであると教えてくれます。

でも、「私」はまだ生きている。それは自然が「私」を生かしてくれているからです。私たちは自然の恵みを受けて生かされているのです。

「生きているのではなく、生かされている」

ところが日本のインテリは、それも分からない。生かされているのも分からずに、「オレは生きているんだ。生きるのはオレの権利だ」などと思っている。しかも、つねに勝とうとするからジャイアンツ野球のような生き方になってしまう。他人を押しのけてでも一番になろうとする。カネのためであれば人を裏切っても恥じることがない。まったく仏教の精神を忘れてしまったとしか言いようがありません。

――インテリは「近代合理主義」に毒されていると?

ひろ そうじゃなくて、宗教がないからそうなってしまうんです。宗教がないから勝つためにだけ闘おうとする。負けるために闘うということが分からないのです。

それは、ギャンブルひとつとってみても明らかです。

欧米では、ギャンブルというのはジェントルマンの嗜《たしな》みになっています。じっさい彼らに何のためにギャンブルをするのかと聞けば、必ず「負けるために」という答えが返ってくるはずです。

そもそもギャンブルというのは、いつでも胴元が得をするような仕掛けになっているわけですから、賭《か》けをする側が負けるに決まっているゲームです。それにもかかわらず、ヨーロッパの紳士たちはなぜカジノへ行くのか――。どんな高額な負けにもビクともしない胆力を養うため、です。

胆力をつけるためにギャンブルをやっている。真のジェントルマンというのは、負けを楽しむために夢中になるのです。ギャンブルとは本来そういうものでした。

ところが、それがいったん日本に入ってくると、みんなが勝とうとする。いちばん典型的なのはパチンコでしょう。タバコの煙がもうもうとした中で目の色を変えて勝つことに夢中になっている。ほんとうはそうじゃなくて、「お金があり余って使い道に困るからパチンコで負けることにしよう」というぐらいの気持ちでやらなくてはいけないんです。「ただし、負け切るまでは楽しむぞ」と、そういう気持ちでやるのがギャンブルです。

ちょっと脱線しましたが、「死」というのも同様です。

胴元が必ず勝ち、賭ける側は必ず負けるギャンブルと同じように、「いのちある人間」はいつかは必ず死にます。死に勝てるはずがない。だから、自分はつねに死につつあるのだ……という認識が必要なのです。

私ももう七十歳（※二〇一四年の現在は七十七歳）を過ぎましたから、どうでしょう、もう九

○パーセント以上死んでいるんじゃないでしょうか。
仏教では、死は「私」の中にあると教えているのに、どうしてみんな、自分の中にある死が見えないのか。私は不思議に思います。

人は死につつある存在だ

——それは、「死」がわれわれの目から隠されるようになったからではないでしょうか。テレビで見ると、インドの人たちは死体が浮かぶガンジス川で沐浴《もくよく》をしていますけど、日本ではほとんどの人が病院で死んでいます。「死」がわれわれに縁遠いものになったのは、そういうこともあるように思います。


ひろ　そうじゃないと思う。

死を問題にするとき、それを「点」で考えているからだと思います。たとえば直線を引いて真ん中あたりに点を打って、左側からその点のところまでは生で、そこから右は死だというふうに、「点」で考えているからではないでしょうか。

死というのはそんなものではありません。

――先生がよくお書きになっているように、氷が溶けて水になるように、生が溶けて死になる、ということですか？

ひろ　そうです。最初の「氷が一〇〇パーセント／水は〇パーセント」という状態から「氷八〇パーセント／水二〇パーセント」へ、さらには「氷五〇パーセント／水五〇パーセント」から「氷一〇パーセント／水九〇パーセント」へ、そうして最後は「氷〇パーセント／水一〇〇パーセント」になって、完全な水になる。

それと同じように人間のいのちも、最初の「生一〇〇パーセント／死〇パーセント」の状態に少しずつ死が忍び込んできて、「生五〇パーセント／死五〇パーセント」から「生一〇パーセント／死九〇パーセント」になり、最後に「生〇パーセント／死一〇〇パーセント」になるわけです。

そういう意味でも、死は最初から「私」の内にあるのです。人はみな死につつある存在です。刻一刻死んでいっている。ところがみんな、死を「点」で考えているから間違ってしまうわけです。

これは別に私だけの見方ではなく、フランスの劇作家コルネイユも、「生の各瞬間は死に向かっての一歩である」と書いています。

――それは分かりますが、たとえば先生が『「狂い」のすすめ』で引用されている一休禅師の道歌にはこうあります。「生まれては死ぬるなりけりおしなべて　釈迦も達磨《だるま》も猫も杓子《しゃくし》も」と。つまり、一休さんが生きた中世という時代は「死」がもっと身近だったのではないかと思うのです。それに対して現代は……。

ひろ　それは「死」が身近だったというより、「死体」が身近だったということではないんですか。「死」と「死体」は違いますよ。

――でも、「死体」が身近だったということは、「死」について考える機会も多かったということになりませんか?

ひろ　そうじゃない。「老い」について考えることはできるけれども、人間、「死」については考えることができません。

「考えるな」という教え

――「死」について考えることはできない？

ひろ　仏教の考え方では、「莫妄想《まくもうぞう》」といいます。「莫」というのは「何々するなかれ」ということですから、「莫妄想」は、妄想するな、考えるな、という教えです。簡単に言えば、「考えても分からないことは考えるな」

　ということです。

　人間がいくら考えても分からない問題を考えることを妄想といいます。あるいは、考える必要のないことを考えることが妄想だと言い換えたほうがいいかもしれません。そんなことはやめなさい、といっているのです。

　フランスの哲学者アランも「死は想像の病《やまい》である」と書いています。「想像の病」ですから、まさに妄想じゃないですか。

　この東京に大地震がくるかどうか、くるとすればそれはいつなのか。そんなことは地震学者にも分からないことだから、われわれがいくら考えても無駄です（※実際、二〇一一年三月十一日、東日本大震災が起きました)。だから、私の地震対策は——どうせ人間いつかは死ぬんだから、まあ死ぬときは死ねばいいと覚悟を固めていることです。いまでもこれでいいと考えています。死も同じです。いくら考えたって分からない。だったら、妄想するなかれ! これでいいのです。

『往生要集《おうじょうようしゅう》』で知られる源信《げんしん》にこんなエピソードがあります。

源信がまだ子供のころのことですが、近所の人から、「坊やはお父さんとお母さんとどっちが好き?」と聞かれます。すると、食べていたセンベイをふたつに割って、「おじさんはどっちのおセンベが好きですか」と聞き返したというのです。じつに見事な答えじゃないですか。

どうやっても答えられないような問いはまったく無意味なのです。当然、死を考えることもまったく無意味だということになります。

——しつこいようですが、たとえば昔は、生きた美女が白骨になるまでのプロセスを描いた絵巻《えまき》などがあって、「死」は日常生活にあって近しいものだったのではないか、いまと違って「死」をもっと身近に感じていたのではないか、と思うのです。げんに、「生死を分ける」といったような言葉もあります。

ひろ　いやいや、「生死を分ける」というふうに死を「点」で考えようとしたら、考えられないんです。「点」というのは存在しないからです。ユークリッド幾何学にもあるように、「点」は部分をもたない。それが点の性格です。

逆にいえば、死ぬまでは生きていると考えたら、「死」なんてどこにもありません。生きている間は生きているんだし、死んだら死体になってしまうわけですから。

古代ギリシアの哲学者エピクロスもこんなことを言っています。

死は、もろもろの悪いもののうちで最も恐ろしいものとされているが、じつはわれわれにとって何ものでもないのである。なぜかと言えば、われわれが存在するかぎり、死は現に存在せず、死が現に存在するときには、もはやわれわれは存しないからである。そこで、死は、生きているものにも、すでに死んだものにも、かかわりがない。

人は「死」それ自体については考えることができないから、「死体」と言ったり「死後」と言ったりするわけです。

――もちろん「死」と「死体」は違いますけど、昔の日本では、人は病院ではなく家で亡くなり、また土葬もあったので、死体に対する嫌悪感は昔の人のほうが少なかったのではないでしょうか。

ひろ　繰り返しになりますが、死と死者は違うんです。したがって死が怖いのと死者が怖いのも違う。

それに、死について考えようというのは、誰にも分からない未来・将来のことを分かろうとすることです。ところが、仏教は死んだ後のことは考えるなと教えているわけです。これこそが仏教の根本的な教えなのに、みんな、あれこれ考えようとする。だから迷ってしまうのです。死など、考えるべきではないんです。また考えようとしても考えられないものです。

「念仏」即「浄土」の教え

――では、ちょっと方向を変えて、作者不詳の詩「千の風になって」がレコード化され、売上が百万枚を突破したといいます。あの歌の発想は――死んでも「私」はお墓にはいません。風になってそこらじゅうを飛び回っています。だからお墓の前で泣かないでください、というものですが、ああいう発想についてはどうお考えでしょう。

ひろ　いまも言ったように、仏教には莫妄想という教えがある。だから、「死んだらどうなるか……」なんていうことも考えなければいいのです。風になるのか雲になるのか、そんなことは分からないわけですから。「千の風になって」はキリスト教文化圏のものですよ。

時々、仏教を勉強して、死の恐怖を克服するんだという人を見かけます。それは愚かな考えだと思います。というのも、死の恐怖なんて克服できっこないからです。まあ、麻薬を使えば一時的に死の恐怖から逃れることはできるかもしれません。でも、麻薬が切れれば、ふたたび死の恐怖に捉えられる。

ということは、死の恐怖というのは人間が人間であることの証拠なんですね。だから私たちが死の恐怖に捉えられたときは、われわれが人間である喜びとともに、死の恐怖も味わえばいいのです。

では、私たちがなぜ死の恐怖に捉われたり、悩んだりするかといえば、それは考えるからです。ネコやイヌはちっとも考えない。したがって、死を怖がることもない。考えなければ怖くも何ともないのです。

禅とは何かといえば、考えない訓練をしているのです。出家《しゅっけ》したお坊さんというのは「考えない訓練」を積んでいると思えばいい。ところが、そんな訓練をする閑《ひま》のない私たちのような人間はどうしても考えてしまうわけです。いろいろ考えてしまうから、恐怖感に襲われ、悩み、「千の風」のような考えも出てくるわけです。

だから、「考えるな！」というのが仏教の教えである、ということを押さえておくのがいちばんいいと思います。

――ところが、その「考えるな！」という教えを実行すること自体、なかなかむずかしいように思うのです。

ひろ　じつは、そのとおりなのです。

つい考えてしまうのが人間の性《さが》であり、哀しさですから、「死んだら自分はどうなるのだろうか……」と考えて不安に駆られるし、いろんなことに思いめぐらせて悩むことになってしまう。

だから、「考えるな」ということを実践するのはじっさい至難の業なのです。相当強靭《きょうじん》な精神力を必要とする。そうした精神力を養おうというのが、いま言ったように禅の修行ですが、ふつうの人は禅僧のような修行はなかなかできない。

そこで、出家者のように修行のできない在家信者のためにあるのが浄土仏教です。第四章で述べた法然のように、「南無阿弥陀仏」と口で唱えるだけで死後はお浄土へ往ける、としたのです。

法然の弟子の親鸞も『歎異抄』の中でこう言っています。

弥陀の誓願《せいがん》不思議にたすけられまゐらせて、往生《おうじょう》をばとぐるなりと信じて念仏申さんとおもひたつこころのおこるとき、すなはち摂取不捨《せっしゅふしゃ》の利益《りやく》にあづけしめたまふなり。

阿弥陀さんの誓願の不思議な力に助けられ、私のような凡夫《ぼんぷ》でも必ず往生できるのだと信じて、お念仏をしようというこころが起きたその瞬間、私たちは洩れなく阿弥陀仏のお浄土に救いとられている、という意味ですね。

ここでは「すなはち」という言葉がポイントです。念仏をお唱えしようという気持ちが起こった瞬間、すでに救いが完成しているという意味です。その瞬間、お浄土へ往けることになるのです。

でも、誤解しないでくださいよ。

親鸞が、死後の世界としての浄土の実在を説いていると考えてはいけません。浄土の有無《うむ》を問題にしているのではありません。浄土というのは「死んだら必ず往けると信じる世界」なのです。

これは余談になりますが、幸い、三途《さんず》の川も簡単に渡れるようになりました。

三途の川というのはインド人の世界観からきたもので、インドでは現世と来世の境目にヴァイタラニー河という川が流れていると考えられていました。流れは急で、血膿《ちうみ》や髪の毛や骨がたくさん浮かび、とても熱い川だといいます。川にかかる橋は剃刀《かみそり》のように細かったのですが、それが仏教を介して中国、日本に伝播《でんぱ》するうちに、善人はふつうの橋を、悪人は急流を、その中間の人は浅瀬を渡るとされるようになり、さらに日本に入ってきて室町時代以降になると、川には渡し舟ができ、六文の渡し賃を払えば対岸に行けるようになった。棺《ひつぎ》に六文銭を入れる風習はこれに由来するわけですが、三途の川を渡るのもだんだん簡単になってきた。

お浄土へ往くにも何も心配することはありません。

死後、自分は必ずお浄土に往けると信じること。そこがポイントです。言い換えれば、私たちに死後の世界のことなど考えさせないために設定されているのが浄土なのです。

つい死後の世界のことを考えてしまう人に、「死んだら必ず阿弥陀仏の極楽浄土に生まれるんですよ」と教えて、そしてその人がそれを信じれば、死後の世界のことなど考えずに安心を得られる、ということです。

いわば、考えないために信じる。極楽へ行けると信じ込んでいればいいんです。

しかも阿弥陀さんは前にも言ったように「アミタ」で、分別しませんから、阿弥陀さんの目から見れば善人も悪人もありません。

――親鸞の「善人なおもて往生をとぐ、いわんや悪人をや」ですね。

ひろ　仏教からすれば当たり前の考え方です。とにかく分別しないわけですから、善人はお浄土に往けるけど悪人は行けないなんて、そんなことはない。

その点、キリスト教は違いますね。

キリスト教には周知のように最後の審判があります。だからキリスト教徒は墓をつくるわけです。彼らは死んだ後、最後の審判までの間は眠りに就いている。最後の審判に備えてスタンバイしているわけです。

その意味でいえば、「キリスト教では、死んだら天国に行くと教えている」というのは大ウソです。キリスト教には、そんな教えはどこにもありません。ところがほとんどの日本人は、キリスト教では死んだら天国に行くと教えると思っています。大間違いです。死んだら眠りの状態に入って、最後の審判まで待機している。やがて復活して、そうして審判を受ける。そのうえで、天国へ行けるか地獄へ行くかが決まる。それがキリスト教の教えです。

日本人はそのあたりのことを錯覚しています。日本のクリスチャンまで、死んだら天国に行けるものだと思っている。そうじゃないんですね。キリスト教徒は、最後の審判まで墓の中でスタンバイしている。だから墓を建てるのです。

ところが仏教徒は死んだら必ずお浄土へ往けるわけですから、ほんとうは墓なんて要《い》りません。「墓ない（儚《はな》い）存在」でいいんです。

「無記答」と「グノーティ・サウトン」

――霊能者ブームがあったとき、テレビを見ていると、霊能者といわれる人たちが何やらご託宣《たくせん》を下していました。先生におうかがいするのもどうかと思いますが、彼らは「死後の世界があるかないか」という質問に答えています。「死後の世界」とか「霊」というものについて、どうお考えでしょう。

ひろ　弟子から、「死後の世界はあるのでしょうか」と聞かれたときのお釈迦さんの有名な説話があります。

弟子はマールンクヤといいますが、彼がそんな質問をしたとき、お釈迦さんは何も答えませんでした。何度聞かれても答えなかった。そこでマールンクヤが、「教えていただけないなら、私はきょうかぎりこの教団を去ります」と言って詰め寄ると、お釈迦さんはこういう譬え話をしたといいます。

「マールンクヤよ。毒矢に射られた男がいる。医者が呼ばれ、まず矢を抜こうとした。すると、その男は医者の手を押さえて、こう言ったというのだ。『私を射た者は何者で、弓はいかなるものだったのか。そこにはどんな毒が塗られていたのか』と。『それを教えてくれなければ矢を抜いてはならない』と続けたというが、マールンクヤよ、おまえはそんな頑固者をどう思うか」

マールンクヤはその男と自分を重ね合わせて何も言えなかった。すると、お釈迦さんはかまわず話を続けたそうです。

「私はつねづね、人生とは苦である、と教えてきたはずだ。死後の世界はどんなものか、宇宙は有限か無限か、そんな問題に回答できたとしても、われわれの苦なる人生の解決にはならない。大事なことは、まず毒矢を抜くことではないかね。そうでないとその男は死んでしまう。それと同じで、マールンクヤよ、私が教えたことを私が教えたまま受持《じゅじ》しなさい。私が教えなかったことは教えなかったまま受持しなさい」

お釈迦さまもやっぱり、考えても分からないようなことについては考えてはいけない、と言ったわけですね。

これを「無記答《むきとう》」といいます。「捨置記《しゃちき》」ともいいます。読んで字のごとく、考えても分からないようなそんな問題は「捨て置け」というのです。

先ほどの「莫妄想《まくもうぞう》」にも通じる考え方です。死後の世界などという問いには「無記答」とすべきなのです。

分からないことは分からないとすること。それが分かるということであり、悟りだというのが仏教の教えです。

ついでに言っておけば、ギリシアの哲学者ソクラテスには「汝《なんじ》自身を知れ」という有名な言葉があります。デルフォイの神殿の入口に、「グノーティ・サウトン」と記した石碑があって、ソクラテスはその言葉に感激したといわれています。

「グノーティ」というのは、英語で言えば〝know〟ですから、「知る」という意味です。そして「サウトン」は〝oneself〟という意味ですから、「自分自身」です。そこでソクラテスは、「グノーティ・サウトン」を「汝自身を知れ」という意味に解した。

ところが「グノーティ・サウトン」の本来の意味はちょっと違う。この石碑をくぐったら、その向こうは神の領域であるから、「おまえたち人間は思い上がるなよ」という意味なのです。いってみれば、

「身の程を知れ」

という意味でした。

おまえたち人間は神ならぬ身なのだから、エラそうな顔をするな。神を敬い、へりくだり、身のほどをわきまえて行動せよ！　という警告です。したがって、「死」だの「死後の世界」だのといったことは知ろうとするな、という教訓にもなります。分からないことまで分かろうとするな、と。

そうすると、ソクラテスのもうひとつ有名な言葉――「無知の知」につながってくるから面白いと思います。

ソクラテスは当時のギリシアにあって最高の賢者とされていたわけですが、それはなぜかといえば、彼は自分が何も知らないということを知っていたからです。

触らぬ神に祟りなし

――では、霊魂はどうでしょうか？

ひろ　日本人は国家神道というインチキ宗教に懲りたものだから、日本人の生き方を教えてくれた神道まで嫌いになってしまった。それで神道についても、まったくの無知になってしまったわけですが、その神道で「神」とは何かといったら「霊魂」です。

中国語でも「神」といえば「霊魂」という意味だし、キリスト教でも「霊魂」を認めています。

したがって、日本語でいう「神」も「霊」だと思えばいいでしょう。「八百万《やおよろず》の神々」と言われるように、神道にはいろんな神さまがいます。高天原《たかまがはら》にいる高尚な神さまから、そのへんにいる貧乏神まで、さまざまな神がいます。

十月の別名を「神無月《かんなづき》」と言います。八百万の神さまたちがみな出雲《いずも》に出張して、不在になってしまうという意味だと言われていますが、じつは神さまが全員出雲に集まるわけではないんですね。カマドの神さまのような留守神さまをはじめ、出雲に行かない低級な神さまもいっぱいいたのです。

さてそこで、そうした神さまとの付き合い方はどうすればいいのか。

基本的には、触らぬ神に祟《たた》りなし、と心得るべきです。

触るから祟りが出てくる。われわれがかまえばかまうほど大きくなってしまう。ご祈禱すればするほど、のさばってくる。それが神さまです。

有名な『葉隠《はがくれ》』の中にこんな話が出てきます。

不義密通を見つかった男女が殿さまにお手打ちされると、霊になって出てくるようになった。それも、夜な夜なあらわれるから、みんな、怖がって外を出歩けない。祈禱《きとう》師を呼んできて、いろいろお祓《はら》いをしてもらったけれども、霊はなかなか退散しない。いよいよ困り果てた家来《けらい》たちは、そのことを藩主に申し上げた。すると殿さまはこう言ったというのです。「あのふたりは殺しても殺し足りない憎っくきヤツだ。それが成仏《じょうぶつ》できずに、そこらをさ迷っているとは、大いに結構なことではないか。もっと迷わせてやればいい」と。そう言ったとたん、霊は出なくなったというのです。

つまり、私たちが霊のことを気にすればするほど、向こうのパワーは強くなっていくわけです。それが霊です。だからこそ日本人は昔から「触らぬ神に祟りなし」と教えてきたのです。

神道のそうした伝統的な考えを教える人がいなくなってしまったのが現代です。そこでテレビなんかでは、「霊」だとか何だとか言い始めるわけです。あんなもの、見るから祟るんです。見なければいい。

昔であれば、そんなことは神主《かんぬし》さんが教えてくれたものです。

もっとも、昔は本職の神主なんていませんでした。「一年神主」などといって、村の長老が輪番制で神主になって鎮守の神さまを祀《まつ》っていたのです。伊勢神宮など、大きな神社には神主がおりましたが、村の鎮守さまなどには神主などいなかった。村人みんなでお祀りしたわけです。

ヒンドゥー教でもそうですね。堂守《どうもり》はいますけど、神を祀る神主のような人はいません。

昔の日本では、村の長老が神主を務めたのです。ところが明治になって国家神道になると、任命制の神主になって職業神主ができます。すると、その座に安住して勉強をしなくなってしまった。昔の長老は神さまとの付き合い方をちゃんと教えてくれたのに、そうじゃなくなってしまった。だから毎日、テレビであんな馬鹿番組を流すようになったわけですね。

――そういう現象は共同体の崩壊とどこかでつながっているのでしょうか？

ひろ　いや。ひと言で言えば、年寄りの不勉強です。

神さまというのは、みな年寄りです。神さまというのは本来、姿形《すがたかたち》はありませんけど、どうイメージするかといったらみんな年寄りでしょう。一方、仏教のほうは仏像を見ても分かりますが、若さを象徴しているようなところがあります。

神道における神さまの象徴は年寄りですが、その年寄りが年寄りらしくなくなったせいで、神道の智恵も消え失せてしまったのです。

いまの年寄りはよく「老いても明るく生きたい」なんて言いますが、そんなのは、自分は馬鹿だと告白しているようなものですよ。

漫才師や落語家は家に帰ると胡散臭《うさんくさ》い顔をしているといわれますが、それでいいんです。吉本喜劇のタレントが家に帰ってからまで面白おかしい顔をしていると思ったら大間違いです。あれは稼業《しょうばい》用の笑顔ですよ。

人間というのは元来、苦痛と苦悩をもっている存在ですから、哀しいときは哀しみながら生きればいいのです。メソメソしながら生きるのが人生なのですから――。

私はどちらかといえば笑うことのほうが多い人生でしたから、さほどの屈託はありませんが、でも哀しみに直面したときのほうが面白かったなという印象があります。子供のころは『家なき子』とか『小公子』といった、哀れな少年の話を読んで、ああ、ぼくもこうなってみたいなと思ったことがあります。

人間、明るく笑って暮らせる人生よりも、案外、哀しみの人生のほうが面白いかもしれませんよ。そして、イヤなものはイヤと言えばいいんです。イヤなものを好きになれなんて、そんな馬鹿な話はありません。イヤなものを毛嫌いしながら生きる。それまた面白い人生じゃないですか。

哀しみはじっくり味わったら、まあ、なかなかいい味だろうと思いますよ。哀しみのない人生なんて面白くありません。

うるかというのをご存じですか。鮎《あゆ》の内臓ですが、あれだってよく味わわないと良さは分かりません。クサヤもそうですが、あの臭いところが何ともいえずにいいんです。

——まさに、持ち味。

ひろ　それもこれもみな「縁」なのですから、自分がいただいた人生を楽しむことです。

それにもかかわらず、人はたいてい「どんなのがいい人生なのだろうか」と、つい世間の物差しで測ろうとしてしまう。そんなつまらないことは考えずに、ともかく、与えられた人生をゆったりと生きていくことです。

第六章

死に方上手

老人の活躍を馬鹿にしろ

——先ほどのお話にもありましたが、最近はお年寄りが「若さを保ちたい」とか「ボケるのが怖い」と言っているのをよく耳にします……。

ひろ　ボケるのが怖いというのは、会社でリストラされるのが怖いと思うのと同じことです。未来に対する不安にすぎません。

未来というのは、読んで字のごとく「未《いま》だ来《きた》らず」です。まだ来ていないことなのだから、どうなるか分からない。そんなことを心配しても、まったく意味はありません。万事《ばんじ》は「莫妄想」です。考えても分からないことは考えてはいけないのです。

原始仏教の『中部経典』にもこういう一節があります。

過去を追うな。
未来を願うな。
過去はすでに捨てられた。

そして未来はまだやって来ない。
だから現在のことがらを、
それがあるところにおいて観察し、
揺ぐことなく動ずることなく、
よく見きわめて実践せよ。
ただ今日なすべきことを熱心になせ。

それなのに賢《さか》しらな現代人はアレやコレやと考えては、ひとり勝手に怯えたり不安に駆られたりする。まことにもって馬鹿げた光景です。
イエスも同じような意味のことを言っています。

だから、あすのための心配は無用です。あすのことはあすが心配します。労苦はその日その日に、十分あります。
（「マタイの福音書」）

いつまでも若くありたいという願望も似たようなものです。人間は日々死に近づいていく存在なのですから、「いつまでも若く」と願ったところで、全然、意味がありません。年寄りはしっかり老《ふ》ければいいのです。それでこそ年寄りです。

私は機会があるごとに、「日野原（重明）さんみたいな生き方をしようと思うな」と忠告しています。あえて暴論を吐けば、日野原さんのような生き方はもっと馬鹿にしたほうがいいと思います。年をとってから、どうしてあんなにも頑張らなければならないのか。各界で活躍している高齢者はできるだけ軽蔑《けいべつ》したほうがいいというのが私の考えです。

マスコミの論調もそっちの方向にもっていかないといけません。そうでないと、「若さ」はプラスで「老い」はマイナスだ、あるいはエラければいいんだ、強ければいいんだ、カネさえあればいいんだ……という「畜生の価値観」はいつまでもなくなりません。

だいぶ前のことですが、娘の友人にオーストラリアからきた留学生がいました。ところが、しばらくするとノイローゼになって帰国してしまった。その彼女が言っていましたが、日本にきていちばんイヤだった言葉は「頑張れ！」だったそうです。日本人は誰もが「頑張れ、頑張れ！」と言う。それでノイローゼになってしまったというのです。

そこで、娘は彼女に聞いたそうです。「じゃあ、オーストラリアでは『頑張れ！』の代わりに何て言うの」と。すると、"Take it easy" という答えが返ってきたと言います。「どうか気楽に」

というか「のんびりやろうよ」という意味ですね。

こういう気持ちがエコノミック・アニマルと化した日本人には欠けているのです。私はそう考えてきましたから、先日も、「年寄りはもっとショボクレて生きようじゃないか」という主旨のエッセイを書きました。

ショボクレ老人のすすめ

――『「狂い」のすすめ』の後は「ショボクレ老人のすすめ」ですか。


ひろ　老人にはショボクレて生きる権利があるんです。だから、ハツラツ老人になるな、と言いたかったのです。

そりゃあ、行政にすれば、ハツラツ老人のほうがカネがかからないですむからありがたいだろうと思います。でも、私たち人間が年をとるというのは、みんなに迷惑をかけるということなのです。それが年寄りの本質である。そうであれば、もっとショボクレて、やる気をなくし、周りに迷惑をかけて邪魔者扱いされればいいじゃないか。それが年寄りの本来の姿です。

江戸時代に仙厓義梵《せんがいぎぼん》という臨済宗の僧侶がいましたが、その仙厓和尚に「老人六歌仙」という禅画があります。その画讃《がさん》にはこう書いてあります。

しわがよるほくろがでける腰曲がる
頭がはげるひげ白くなる
手は振るう足はよろつく歯は抜ける
耳は聞こえず目はうとくなる
身に添うは頭巾襟巻杖目鏡《ずきんえりまきつえめがね》
たんぽおんじゃくしゅびん孫の手
聞きたがる死にとむながる淋しがる
心は曲がる欲深くなる
くどくなる気短になる愚痴になる
出しゃばりたがる世話やきたがる
又しても同じ話に子を誉める
達者自慢に人はいやがる

三聯目の「たんぽ」は湯たんぽ、「おんじゃく」というのは「温石」と書いて、焼いた軽石を布にくるんで体を温めるものです。「しゅびん」は尿瓶《しびん》です。

見事に老人の特徴を捉えていると思いませんか。老人はこうでなくちゃいけません。こうあってこそ光るのです。老人にとっては、ショボクレている姿が輝きなのです。

「南無そのまんま・そのまんま」

――先生がよくいわれる「そのまんま」ということですね。

ひろ　おっしゃるとおりです。

最近、私は講演があると、冒頭に、みんなで私の考案したお念仏を三回唱えることにしています。それは、

南無そのまんま・そのまんま　南無そのまんま・そのまんま　南無そのまんま・そのまんま。

というお念仏です。

もちろん、「南無阿弥陀仏」でも「南無妙法蓮華経」でもいいのですが、この「南無そのまんま・そのまんま」だったら、どんな宗派の人でもさしつかえがありません。まあ、三帰依文のようなものです。

しかもこの「南無そのまんま・そのまんま」には、人は「そのまんま」がいちばんいいんだという仏教の真髄が入っています。たとえば、浄土経典の『阿弥陀経』にはこんな一節があります。


池中蓮華大如車輪《ちちゅうれんげだいにょしゃりん》。青色青光《しょうしきしょうこう》、黄色黄光《おうしきおうこう》、赤色赤光《しゃくしきしゃっこう》、白色白光《びゃくしきびゃっこう》、微妙香潔《みみょうこうけつ》。


極楽世界の七宝《しっぽう》の池には、車輪ほどの大きさの蓮華（ハスの花）が咲いている。青い蓮華は青い光を、黄色の花は黄色い光を、赤いのは赤い光を、そして白い蓮華は白い光を発していて、なんともいえぬ素晴らしい香りを放っている、という意味です。

なんだ、そんなの当たり前じゃないかと思うかもしれませんが、その当たり前がお浄土なのです。つまり、青いものは青く光り、黄色いものは黄色に光る。これを人間に当てはめて言えば、赤ちゃんは赤ちゃんのまま、若者は若者のまま、老人は老人のまま、それぞれが「そのまんま」でいるのがいちばん素晴らしいのだ、ということになります。優等生・劣等生の比喩を使えば、優等生は優等生のまんま、劣等生は劣等生のまんまでいることが素晴らしいのです。

そこが分かれば、年寄りがなにも若ぶる必要はないことが分かります。いや、若ぶってはいけない。仙厓義梵が描いたように、ショボクレているのがいいのです。それでこそ年寄りです。これが「南無そのまんま・そのまんま」というお念仏のこころです。

だから、年をとって僻《ひが》みっぽくなってもいいし、ヒネクレてもいい。かつて長谷川町子の漫画に『イジワルばあさん』というのがありましたが、じいさんもばあさんもイジワルすればいいんです。それが年寄りの権利ですよ。

「オイラの都合」で生きること

――僻みやヒネクレはともかくとして、イジワルばあさんも、イジワルじいさんも、いまは少なくなりました。

ひろ　みんな、物分かりがよすぎるのです。誰もが物分かりのいい老人になろうとしているように見えます。

たとえば、かなり前に柳沢(伯夫)という厚生労働大臣が「女性は子供を産む機械」と発言したら、「女性差別だ」といって女性陣が怒り出したけれども、だったら亭主を「月給運搬機」扱いするのは止めてくれ、と言い返せばいいんです。いや、もっと根本的に考えてみれば、日本の国家は戦争中、「産めよ、増やせよ」といって子供をどんどん産ませました。ところが戦後になると、食糧難だからといって「子供はあまり産むな」と言い出した。そうしたら今度は少子高齢化で労働力不足になったため、「産め、産め」と言う。全部、国家の都合じゃないですか。すべて国の都合によって私たちは干渉されてきたわけです。そんなふうに干渉されたことに対して誰が憤《いきどお》ったというのか。

いまは少子化対策の大臣ができ、少子化対策室などというものまであるようですが、そんなものは国の都合です。私は、そんなものは放っておけと、言いたいと思います。

私たちはもっと「自分の都合」を言うべきなんです。

私など、この年まで生きてくると、世の中の都合とか国の都合なんていうのが馬鹿馬鹿しくなってくるから、みんなが、

「オイラの都合」

を言ったほうがいいのです。

ところが日本人はみな、「お上の都合」「会社の都合」「商店街の都合」……といって、外側の価値に合わせて生きようとしている。それじゃあ、ロボット同然ですよ。

――聖徳太子以来、「和」を重んじてきた日本人にいちばん欠けているのが、その「オイラの都合」という考え方かもしれません。

ひろ　いやいや、聖徳太子だって「世の中の都合になど、合わせる必要はない」と言っていますよ。

世間虚仮《せけんこけ》、唯仏是真《ゆいぶつぜしん》。

世間は虚仮である、というわけです。

では、「虚仮」とはどういう意味かと言えば、ウソ、偽りということです。仏だけが真実だ、と言っています。そうであれば、ウソ・偽りの世間なんて笑い飛ばしてしまえばいいんです。無視してしまえ。聖徳太子はそう教えています。

それにもかかわらず、いつも世間の都合を気にし、息子や娘を気にしていたらどうなるか。年をとってヨボヨボになったり、病気になったりしたとき、絶対に「あ、しまった。もっと自分を大事に生きればよかった」と、後悔するに決まっています。だからお年寄りにはとくに「オイラの都合」を第一に考えろと言いたいのです。

こんな法話があります。

京都の知恩院《ちおんいん》の門前にじいさんがいた。娘がふたりいて、ひとりは傘屋、もうひとりは草履《ぞうり》屋《や》に嫁いでいる。すると、このじいさん、毎日空を見上げてぶつぶつ言っていたというのです。雨の日は、「きょうは草履は売れんだろう。可哀そうに」。そして晴れた日は、「きょうは傘が売れんぞ。娘が可哀そうだ」と。

そこで知恩院の坊さんがこう教えてやったといいます。

「じいさん、それは違うぞ。雨の日は『きょうは傘が売れるから、娘も喜んでいるだろう』と思いなさい。反対に、晴れた日は『きょうは草履が売れる。娘もきっと喜んでいるにちがいない』と思うことです。自分の都合のいいほうに解釈すれば、毎日が楽しくなりますよ」

これでいいんですね。「オイラの都合」のいいように考えれば、目の前の景色がガラッと変わって見えるはずです。どうせ世間なんて虚仮なんだから、何だっていいんです。

これは仏教ではありませんが、ユダヤ民族の古い童話にも「空飛ぶ馬」という話があります。ある男が王さまの怒りを買って、死刑を宣告された。すると、男は「王さまが大事にしている馬が空を飛べるようにしますから、どうか命を助けてください」と嘆願します。そこで王さまは内心では疑いながらも、一年間の猶予《ゆうよ》を与えてやった。その間に、ほんとうに馬が空を飛べるようになったら「釈放してやろう」と約束したわけです。

男は大喜びしましたが、囚人仲間は彼を馬鹿にしました。馬が空を飛べるようになるわけがないからです。一年後には死刑になるのに何を喜んでいるのだと、嘲笑《あざわら》った。すると、男はこう反論したといいます。――「ひょっとしたら一年以内に王さまが死ぬかもしれないじゃないか。あるいは、馬が死んでくれるかもしれない。いや、オレが死ぬかもしれない。間違って馬が空を飛ぶようになるかもしれない。何が起こるか分からない。それによって、おれの命だって助かるかもしれない。だから喜んでいるんだ」と。

先のことをアレコレ心配するより、一年の執行猶予をもらったこの男のように暢気《のんき》に構えていたほうがいいと思いませんか。

そして、自分は阿弥陀さんと契約しているんだと思っていればいいのです。

いざ、引っくり返るときがきたら、ドーンと引っくり返ってしまうこと。

――非常に分かりやすい。

ひろ　「オイラの都合」を考えることすらしない世間の人は、自分の都合を主張するのはエゴイズムだと錯覚しているのです。

でも、そうじゃない。あなたの人生はあなたのものであって、「私」の人生である。「私」は「私の人生」を生きているんです。そのことを忘れてはダメです。

生き甲斐とか生きる意味などと言っていないで、何事であれ、自分の都合で判断すればいいわけですから、「オレはパチンコをするために生まれてきたんだ」と思う人はパチンコをすればいい。「オレは人をいじめるために生まれてきたんだ」と言う人はどうかと聞かれれば、それでもいいと思います。

仏や神のこころは知ることができない

――いろいろあっていい。何だっていい、と。

ひろ　哀しみがいっぱいあるほうがハッピーかもしれないし、必ずしもウハウハ笑っている人生が幸せとも言えないかもしれない。

イエスも、「幸いなるかな、泣ける者」と言っています。


イエスは目を上げて弟子たちを見つめながら、話しだされた。

「貧しい者は幸いです。神の国はあなたがたのものですから。

いま飢えている者は幸いです。あなたがたは、やがて飽くことができますから。

いま泣いている者は幸いです。あなたがたは、いまに笑うようになりますから」

（「ルカの福音書」）


躓《つまず》いたら躓いたまま、じくじくメソメソ生きてもいいんです。

がんになったら、「ありがたいなあ」と受け取ればいい。それを、「イヤだなあ」といって、がんを悪いことのように受け取るからダメなんです。「ああ、不思議だなあ、めったにないことだなあ」と思うことです。

なぜなら、それが仏さまの配慮だからです。神さまが、あなたをがんにしてくださったのです。鬱になったとすれば、それは神さま、仏さまがその人を鬱にしてくださったからなのです。

ではなぜそうしたのか。それは分からない。神さまでも仏さまでもないわれわれには、その理由は分かりません。でも、それでいいのです。

ソクラテスの話のときに言いましたが、私たちは神ならぬ身である。そうであれば、なぜがんになったのか、鬱になったのか、そんなことは知ろうと思っても無駄です。だから知ろうなどとは思わないで、それをそっくりそのまま受け入れることです。私は、穿鑿《せんさく》はやめておきなさいと忠告します。

鬱になったら、「ああ、不思議だなあ」と思えばいいんです。言葉の本来の意味で、「ああ、ありがたいなあ、めったにないことだなあ」と思うことです。左遷されたら左遷されたで、「ああ、ありがたいなあ」と思えばいい。別に社長に感謝するわけじゃないですよ。仏さまに向かって「ありがたいなあ」と言うのです。

前に引いたヘロドトスの『歴史』の中に、こんな逸話が出てきます。

母親がアテネにあるヘラの女神の神殿のお祭りに行きたいというので、非常に親孝行な若者が牛車《ぎっしゃ》で行こうとした。ところが、あいにく牛が農耕に出ていた。牛を迎えに行っていたらお祭りに間に合わない。そこで兄弟ふたりが「牛の代わりをします」といって、母親の乗った牛車を引っ張っていった。

ようやくヘラの神殿に詣《もう》でると、人々はその兄弟を誉めそやして、母親に向かって、「あなたは孝行な息子さんをもって幸せね」と言った。母親も喜んで、「親孝行な息子たちに、どうか人間として最高の幸せを授けてあげてください」と言って祈った。すると、お祭りも終わり、食事をした後、ふたりの兄弟が疲れているので仮寝したところ、そのまま起きてこなかったというのです。死んでしまった。

つまり、「人間としての最高の幸せ」とは何かと言うと、死だったのです。死なせてあげることが人間にとって最高の幸せだと女神は判断したのであろう、という話です。

面白い話だと思いますね。

私たちは人間の物差しで判断して神さまにお祈りするわけですが、神の判断は私たち人間には分かりません。人間の判断で「最高の幸せ」といっても、神がそれをどう判断するかは分からない。

神の物差しは分からない、ということを分かることが宗教なんですね。

——母親はこの世での栄耀《えいよう》栄華を……と思ったのでしょうね。

ひろ　そう。そうしたら神さまが下さった最高の幸せは「死」だったというわけです。

キリスト教のジョークにはこんなのがあります。

ある信者が神に向かって聞いた。「神さまにとって、私たちの世界でいう十億円はどれくらいの値打ちがあるんですか」と。すると神さまいわく、「まあ、一円ぐらいだろうな」。「そうですか。では、私たちの一万年という時間は、神さまにとってどれくらいの時間でしょうか」と聞いた。「そうだな、まあ一分ぐらいかな」。「そうですか、よく分かりました。ところで神さま、一円だけ恵んでくださいませんか」と言ったら、神さまは「分かった。恵んであげよう。だけど、ちょっと一分だけ待ちなさい」と言ったというのです。

私たち人間の時間の単位と神さまの単位では違うのです。当然、物差しだって全然違う。だからこそ神さま仏さまが、がんにしてくださったら「ああ、不思議だなあ」と思えばいいし、鬱にしてくださったら「ああ、ありがたいなあ」と思えばいいのです。

しっかり死になさい!

――ところで、最近の流れとしては「安楽死」の問題があります。日本にも「尊厳死協会」がありますが、こうした問題について先生はどうお考えですか?

ひろ　あれは「安楽死」ではなく、「安楽殺」だと思っています。
あんなことをしなくても、誰だって安楽に死のうと思えば死ねます。
弘法大師・空海は、老いを迎えると高野山に入って食事を変えていっています。徐々に量を減らしたり、食べるものの種類を変えたりしている。そして痩《や》せ衰えていった。そんなふうに死の準備を積み重ねています。だから安らかに死ねたのです。
空海のように、食事の量を減らし、だんだんに枯れていけばラクに死ねる。それができないから「殺して欲しい」なんて言い出すわけです。

――これは聞いた話ですが、病院に入っていたおばあさんが周囲の人に迷惑をかけてはいけないというので、いっさいモノを食べなくなったといいます。すると医師が「それは緩慢なる自殺だ」と言ったといいます。

ひろ　空海と同じですから、それが正真正銘の安楽死です。自殺ではありません。
私に言わせれば、みんな、しっかり死ねばいいんです。

――「しっかり死になさい」というのは、いい言葉だと思います。というのも、いまは「しっかり生きること」だけがテーマになってしまっているからです。

ひろ　しっかり生きよ、なんて言わないで、

「しっかり死になさい」

と言わないとダメなんです。

――深沢七郎の『楢山節考《ならやまぶしこう》』に出てくる姥捨《うばすて》伝説などを見ても、昔の人はしっかり死んでいたように思います。あの小説では、年老いた老婆が一定の年齢に達したため、息子に背負われて山に捨てられに行きます……。

ひろ　姨捨伝説は「伝説」と言われるくらいですから、事実かどうか分かりませんが、もしも事実だとした場合、「姨捨は残酷だ」という日本人のものの見方は間違っていると思います。あれは幸せなんです。というのも、年をとったら生きていくのはシンドイから、ある程度の年齢に達したら山へ連れて行ってもらったほうがラクなのです。

そうした風習について、現代人は残酷さばかり強調しますが、古代の人々は老境に入ると、「ああ、オレはだんだん死に近づいているんだな」と、自分が死につつあることを実感していたと思うのです。そしてそれは悪いことではなく、お浄土が実現してくることだった。私の体のこ

の中にお浄土がだんだん実現してくる……。そう思えるようになったら自然に枯れてくるものです。

　姨捨の老人たちも、みずから望んで捨てられに行ったはずです。お浄土が近づいてくると、村中のおじいさん、おばあさんは山に捨てられた。みんなが捨てられた。そういうお山に自分も捨てられに行くというのは一種の喜びだったんじゃないでしょうか。それを「恐怖」とばかり受け取っているのが現代人です。

　だから自分たちの価値観の中で、つねに若さと老いを対比して、いつまでも若くありたいと思うわけです。物覚えのよさと物忘れを対比して、いつまでも物覚えのよさを発揮したいと願う。しかし人間は誰でも、年をとったら忘れていくものは忘れていくし、ボケていくものなのです。それを喜びとして捉えられない。

　問題はそこにあるわけです。

　ボケてきたら、「ああ、おれもお迎えが近いなあ」と、そういう喜びで迎えないから、死が怖い、ボケるのが怖い、ということになるのです。体力が衰えてきたなと思ったら、徐々に食事を減らして、もう枯れていこうと、どこかで決意しないといけない。安らかにポックリ、というのを求めてはいけない。

――いっとき流行した「ピンピン・コロリ」なんて言っていてはダメなんですね。

ひろ　死はきちんと迎えること。

年を重ねるとともに、自分はもう九十何パーセント死んでいるんだと、どんどん認識を変えていくこと。それがしっかり死ぬということです。

作家の椎名麟三《しいなりんぞう》は遠藤周作に、「クリスチャンになったら、どんな死に方をしたっていいんだということが分かったよ」と言ったという話がありますが、それが宗教をもっている人間の強みですね。

俳人・正岡子規は三十歳になる前に脊椎《せきつい》カリエスになり、三十五歳で亡くなるまでほとんど病床にありましたが、『病牀六尺《びょうしょうろくしゃく》』の中でこう書いています。

余は今迄《いままで》禅宗の所謂《いはゆる》悟りといふ事を誤解して居た。悟りといふ事は如何《いか》なる場合にも平気で死ぬる事かと思つて居たのは間違ひで、悟るといふ事は如何なる場合にも平気で生きて居る事であつた。

年をとってショボクレても「平気で生きて居」ればいいのです。そうすれば、「平気で死ぬる事」もできるようになります。

災難に遭ったら災難を楽しめばよい

――「平気で生きて居る事」が「平気で死ぬる事」だというのは、そうかもしれません。

ひろ　お釈迦さんの死に方を知っていますか。

死を前にしたお釈迦さんはヴァイシャーリーというところで雨季の間じゅう安居《あんご》していました。

お釈迦さんとその弟子たちは一年中諸国を行脚《あんぎゃ》していましたが、インドには雨季がありますから、雨季の間は雨がやまない。ずっと降り続きますから、この期間は旅行ができません。そこでお釈迦さんたちは三か月間、共同生活をしたのです。それを「安居」といいました。

ヴァイシャーリーというところで安居していたとき、お釈迦さんは、「私は三か月後に死ぬであろう」と予言します。それほど体が弱っていたんですね。それでも、「アーナンダよ、旅に出よう」と言って、弟子のアーナンダといっしょに遊行《ゆぎょう》に出かけました。

その途中、チュンダという鍛冶屋《かじや》がお釈迦さまを接待して、料理をご供養申し上げた。そのとき出された料理のことをパーリ語で「スーカラマッダヴァ」と書いてあります。「おいしい豚肉」という意味ですね。ところが漢訳仏典を見ると、「キノコを煮てお出しした」と書いてある。豚肉がキノコになってしまった。どちらが正しいのか。伝承が異なっているので、論争が続いているわけですが、いずれにしてもお釈迦さんはその毒に当たってしまった。

烈しい食中毒で、何度も吐き戻したと思います。そこでお釈迦さまは、「アーナンダよ、私は疲れた。もう歩けない」と言います。寝床をつくってくれ、と言われて休まれた。脱水症状も出ていますから、「水を飲みたい」と言う。ところが、「いま五百台の荷車が通って行ったので川は濁っています。もうしばらくしたら汲んでまいりますから」と答えると、「何を言ってるんだ、いますぐ欲しい」と言われるので、行ってみると清らかな水があった。お釈迦さまはそれを飲んで、アーナンダにもたれかかりながら亡くなられたといわれています。

お釈迦さんは苦しみのた打ち回りながら死んでいかれたのです。

ところが安らかに死んでいった、と錯覚している人が多いんですね。

——実際は下痢をしたり吐き戻したり、そして喉《のど》もカラカラに渇いた状態で亡くなった？

ひろ　お釈迦さまだってそうした死に方をしたわけですから、人間、別に安らかに死ぬことがいいことでもなんでもないのです。

――そういえば、イエスも十字架に架けられ、苦悶のうちに死んでいます。

ひろ　良寛さんの言葉にもこうあります。

災難に逢《あう》時節には、災難に逢がよく候《そうろう》。死ぬ時節には、死ぬがよく候。是《これ》ハこれ災難をのがるゝ妙法にて候。

災難に遭うときにはしっかりどっぷり災難に遭えばいいと説いています。
ところが世間の人は「災難は人災だ」などと言って政府に文句をつけたりする。もちろん、それは国民の権利だから文句をつけるべきだと思うけれども、しかし同時に、災難に遭ったらその災難を楽しむ気持ちも必要です。

――どうすれば災難を楽しめるようになりますか？

ひろ　私もそれは知りません。それはみな、それぞれの立場でそれぞれに工夫すべきことだと思います。ところがたいていの人は、アチーブメント・テストみたいに正解はひとつだと思っているから、生き方の模範解答があるように考えている。それは間違いです。
ハツラツ老人になれる人はハツラツ老人になればいいのです。でも、ショボクレて生きたっていいじゃないの。なぜショボクレ老人が悪いのですか。老人にはショボクレる権利があるのだから、私も大いにショボクレてやろうと思っています。

人生は一歩一歩「仏」に近づいていくことだ

――では、オレ流で生きるためにはどうすればいいのでしょうか？

ひろ　まず大事なのは、先ほど言った「南無そのまんま・そのまんま」の精神です。ついでに生きている。それでいいじゃないですか。私たちは、生まれてきたついでに生きているわけなんですから。

そして、どうせついでに生きているなら、誰もが「自分の生き方が最高だ」と思って生きればいいと思います。

ということは、「生き方上手」も「生き方下手」もない。だから、余計なことは考えるなと言っているのです。

迷いながら迷ってもいいし、死んでいるなら死んでいてもいいんです。これが、ひろさちや流の、

「ズボラの哲学」

次に大切なのは、

「目標（目的）をもたないこと」

生き甲斐でも人生の意味でも、そんなものはもたないこと。

私たちはつい人生を「旅」だと考え、目標を設定しがちです。目的地はあそこだと決めてしまう。そんな旅ほどつまらないものはありません。

昔の旅は『東海道中膝栗毛《とうかいどうちゅうひざくりげ》』に書かれているとおりです。弥次《やじ》さん、喜多《きた》さんはたっぷりと道中を楽しんでいます。目的地はたしか伊勢神宮だったと思いますが、旅は道中を楽しんだのです。伊勢にかこつけて旅に出ただけのことなんですね。

私たちも弥次さん、喜多さんにならって目的をもたないで生きましょうよ。目的ナシで道中を楽しむ。それが、

「方便」という考え方につながります。

――「嘘も方便」の方便ですか？

ひろ　方便というと、必ずそういう答えが返ってきます。でも「嘘も方便」というのは、目的のためには手段を選ばないという意味です。目的を達するためには間違った手段や道徳的に非難されるようなことでも許されるという考え方です。

ところが、いまも言ったように、仏教の考え方でいうと、そもそも目的なんてないわけです。したがって目的のための手段（方便）なんてありえない。

だから、仏教でいう「方便」は「手段」という意味ではないんですね。「方便」の原語はサンスクリット語の「ウパーヤ」です。その意味は「近づくこと」「接近すること」です。

――何に近づくのですか。「死」に近づくのですか？

ひろ　違います。仏に近づくのです。

仏に近づくのだけれども、私たち人間は絶対、仏にはなれません。

なれないものに近づくわけですから、これは「目的」とはなりません。

げんに、「私はいつ仏になれますか」と聞いたとすれば、仏教では、「最短でも五十六億七千万年後だ」という答えが返ってきます。何度も何度も生まれ変わり死に変わり、さらにまた生まれ変わり死に変わり……そうしてやっと五十六億七千万年後に仏になれる。

ということは、結局、仏にはなれない。とすると、この人生はいったいどういうことになるか。

仏になれないのだから、そこへ一歩でも近づければいいんです。

『大日経』には、

方便を究竟《くきょう》と為《な》す。

とあります。

方便、つまり一歩一歩仏に近づいていくこと、言い換えれば歩み続けること、それがすべてです。

人生は目的のない旅です。ゆったりと歩いてゆけばいい。前にも引いた芭蕉の「よく見れば薺《なずな》花咲く垣根かな」という句の心境で歩いていくことです。
仏教はそう教えています。それが結局、「死に方上手」にもつながっていくはずです。

あとがき

　これまでだって、あまり世の中に迎合したつもりはないのですが、それでも少しは遠慮していたところもあります。しかし、古稀《こき》の年齢を過ぎたいま、なんだか世間に遠慮することが馬鹿らしくなりました。わたしたちは、いつもいつも、

「世間の都合・国家の都合・会社の都合・みんなの都合」

ばかりを優先的に考えてしまいます。そのように自然に教え込まれてしまったのです。

でもね、わたしたちの人生は一度かぎりのものですよ。その一度しかない人生を、他人の都合に合わせて生きるなんて、おかしいじゃありませんか。人間は生きたいように生きる。オイラの都合を優先させて生きる。もちろん、オイラの都合を押し通せないこともあります。無理に押し通せば、社会的制裁を受けることもあります。そんなときは、ゴリ押しせずに引き下がったほうがいい。だが、最初の最初からオイラの都合を引っ込めて、世間の都合を優先させる

必要はありません。わたしたちは、常に堂々とオイラの都合を主張しましょうよ。七十歳を過ぎた老人は、そんなことを考えています。

そして、そんな老人の呟《つぶや》きを、ビジネス社の岩崎旭社長が本にしてくださいました。東京都内のホテルで、岩崎社長と松崎之貞さんが聞き役をつとめてくださり、怪気焔《かいきえん》をあげました。原稿になったものを読んでみて、ちょっと言い過ぎかな……と思ったところもありますが、まあ老人の戯言《たわごと》と読者のお赦しをいただくことにしました。もちろん、読者が反感を覚えられるのももっともです。しかし、ほんの少しでも共鳴していただけるところがあれば幸いです。

合掌

二〇〇七年十一月

ひろさちや

追記

本書は、二〇〇七年にビジネス社より『南無そのまんま』のタイトルで刊行したものです。このたび改題して版型も新書刊にして再刊しました。ところどころ現在の日本の状況と違っている箇所もありますが、本筋に変りはありませんのでそのままにしました。

それにしても日本人、もっとのんびり、ゆったり生きたいものですね……。

（二〇一四年一月）

[著者略歴]
ひろさちや
1936年大阪府生まれ。宗教評論家。東京大学文学部印度哲学科卒業。同大学院人文科学研究科印度哲学専攻博士課程修了。気象大学校教授を経て、大正大学客員教授。「仏教原理主義者」を名乗り、本来の仏教を伝えるべく執筆、講演活動を中心に活躍。また、仏教以外の宗教もわかりやすく語り、人気を博している。
著書に『「死は大事な仕事」しっかり死ぬということ』(中村仁一氏との共著　ビジネス社)など多数。

死に方上手《じょうず》

2014年2月1日　　第1刷発行

著　者　ひろさちや
発行者　唐津 隆
発行所　株式会社ビジネス社
〒162-0805　東京都新宿区矢来町114番地 神楽坂高橋ビル5F
電話　03(5227)1602　FAX　03(5227)1603
http://www.business-sha.co.jp

〈印刷・製本〉中央精版印刷株式会社
〈装丁〉中村聡　〈本文DTP〉茂呂田剛（エムアンドケイ）
〈編集担当〉本田朋子　〈営業担当〉山口健志

ISBN978-4-8284-1742-4

ビジネス社の本

「死は大事な仕事」しっかり死ぬということ

中村仁一／ひろさちや……著

定価：本体1300円＋税
ISBN978-4-8284-1691-5

人間の生死の極限を覗い二人だから言える
「人間の死に方」「医療の傲慢」
そして残されたものたちへの辛らつだがためになる
「アドバイス」。
最後の死に方が人間にとって一番大事。
終わりよければ人生全て良し。

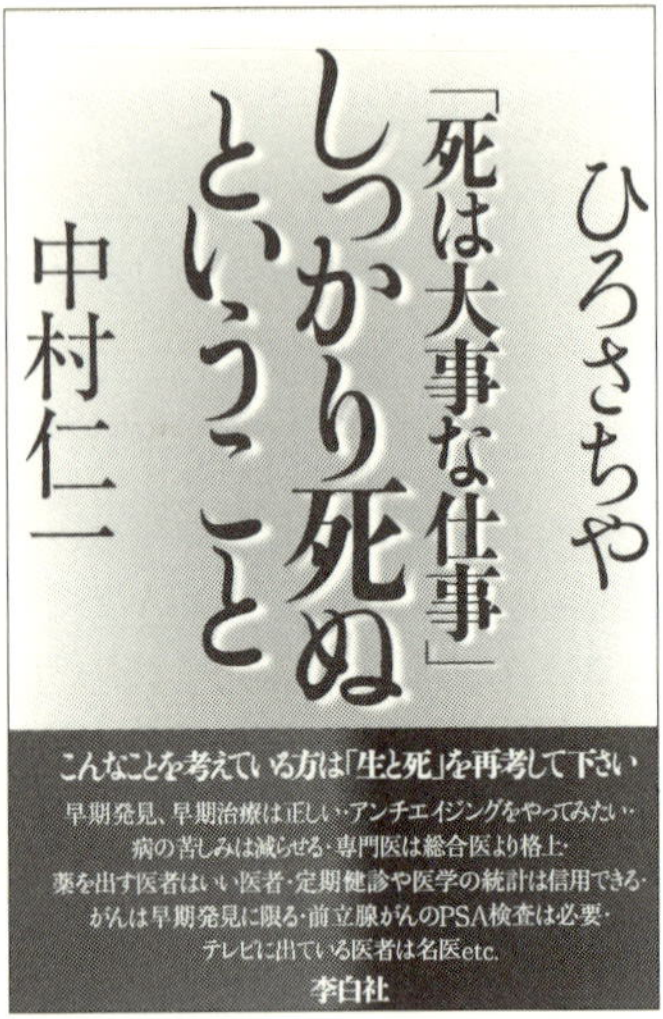

第1章　医療は全面依存から限定利用へ
第2章　専門医全盛時代という不幸
第3章　薬をほしがる日本人
第4章　早期発見、早期治療はウソ
第5章　がんに完治はあるか
第6章　アンチエイジングという幻想
第7章　死ぬ仕事を忘れた日本人